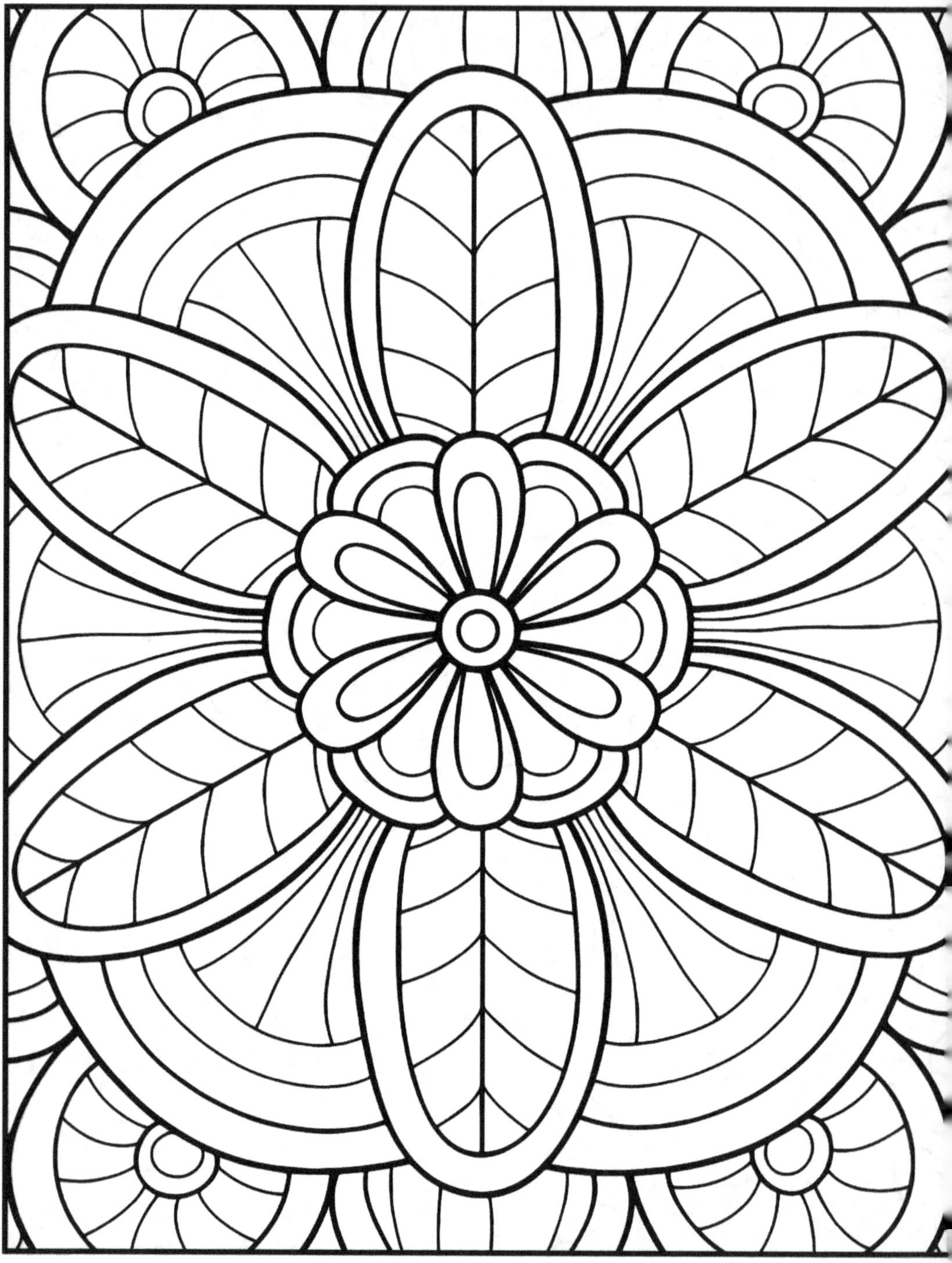

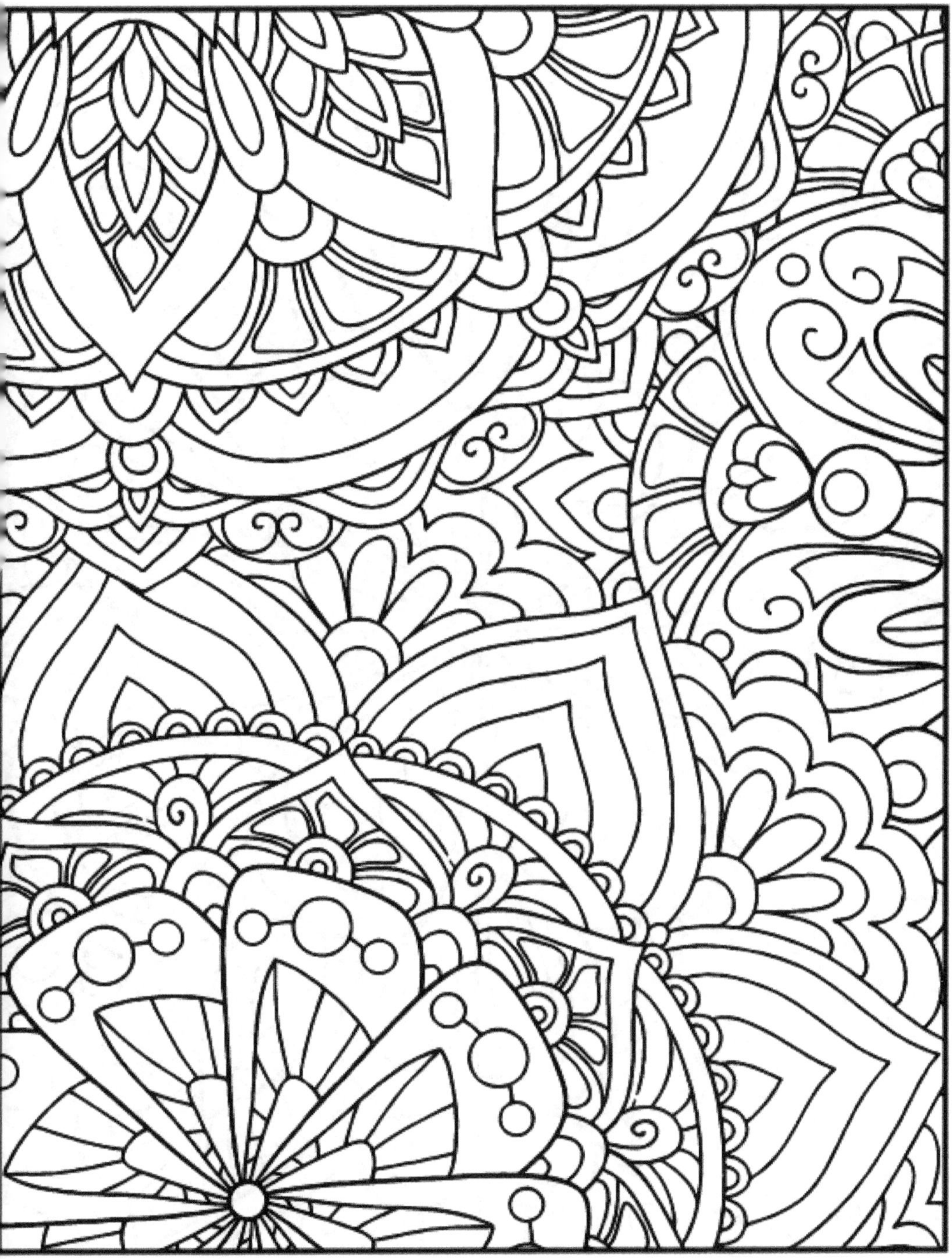

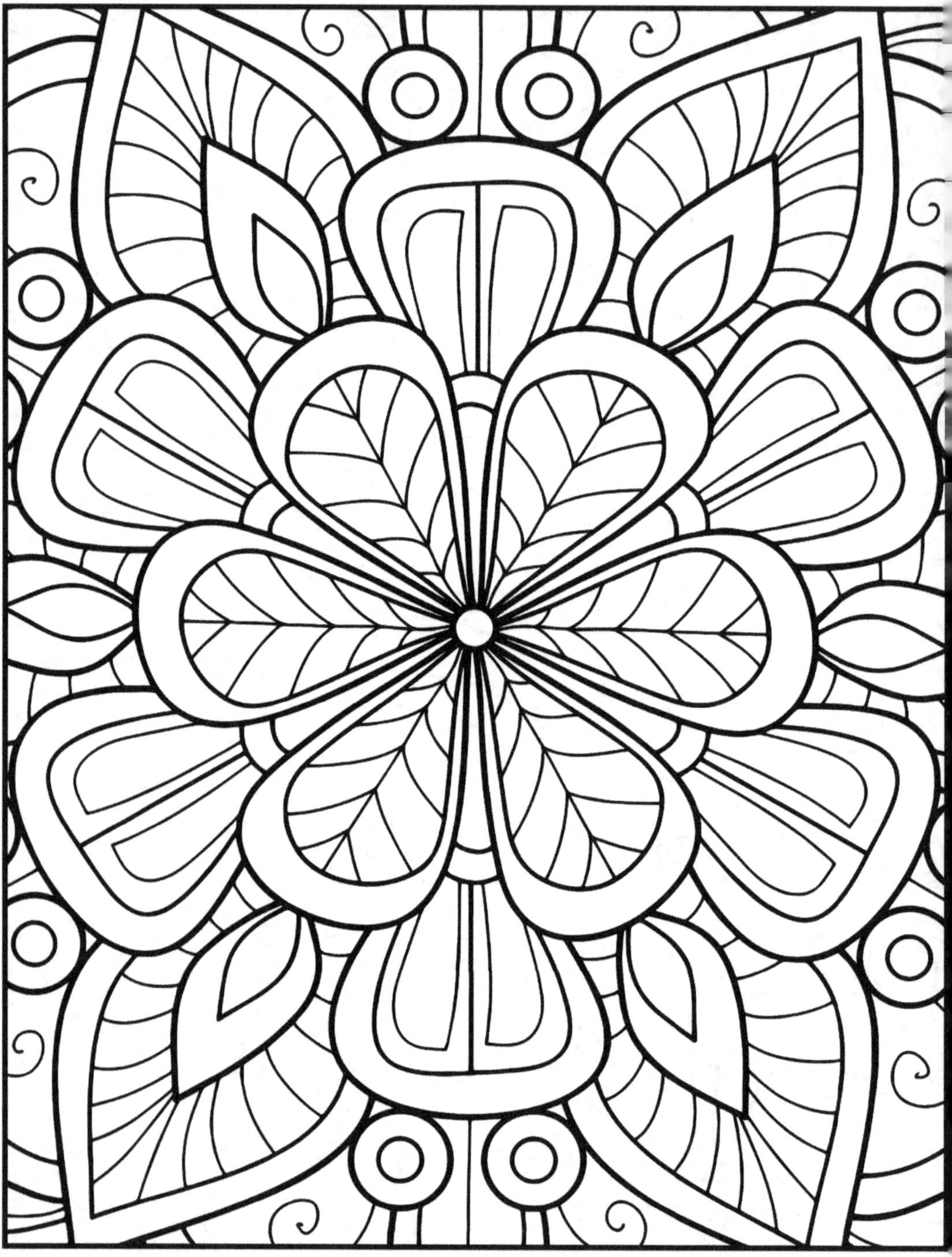

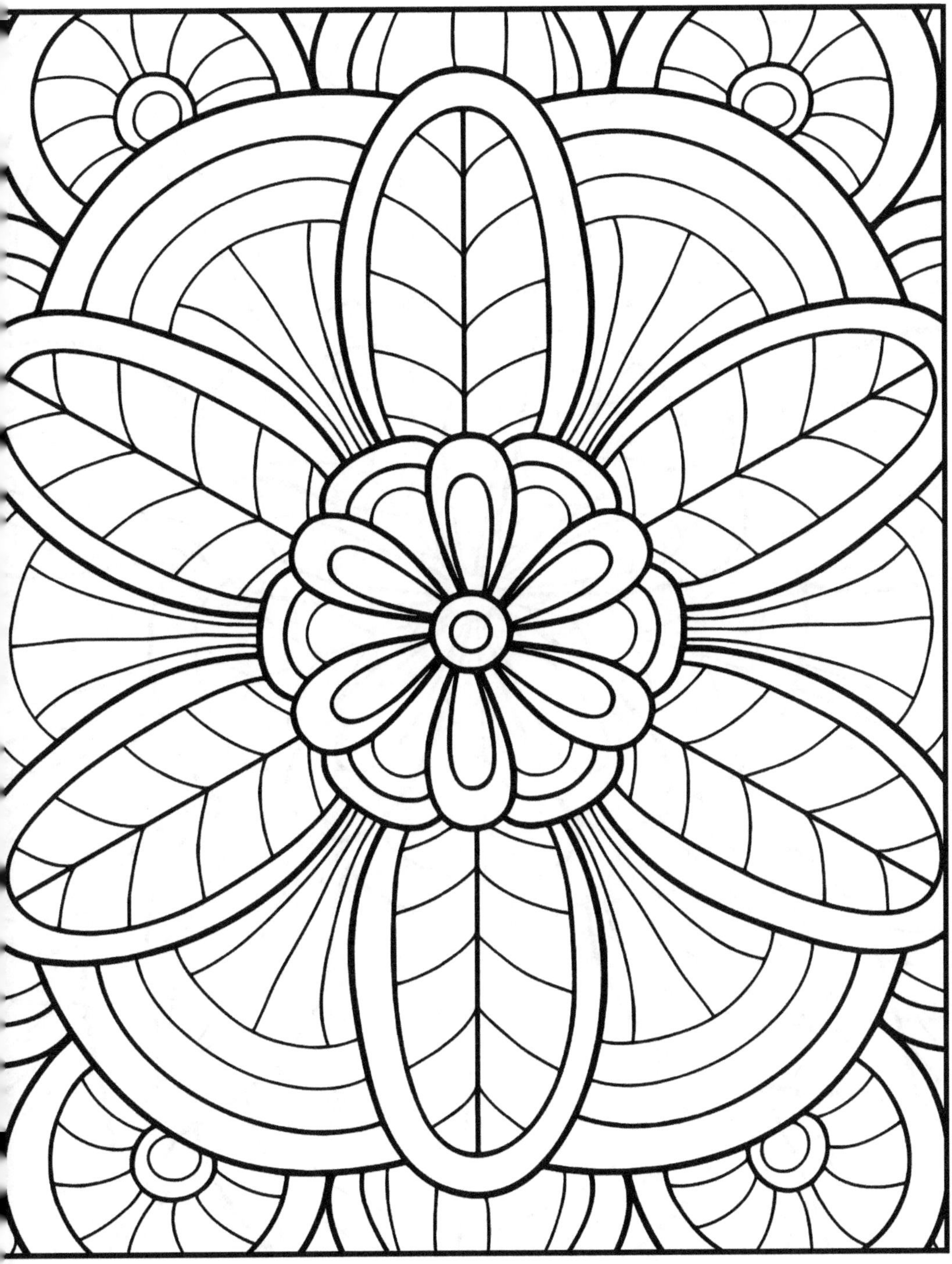

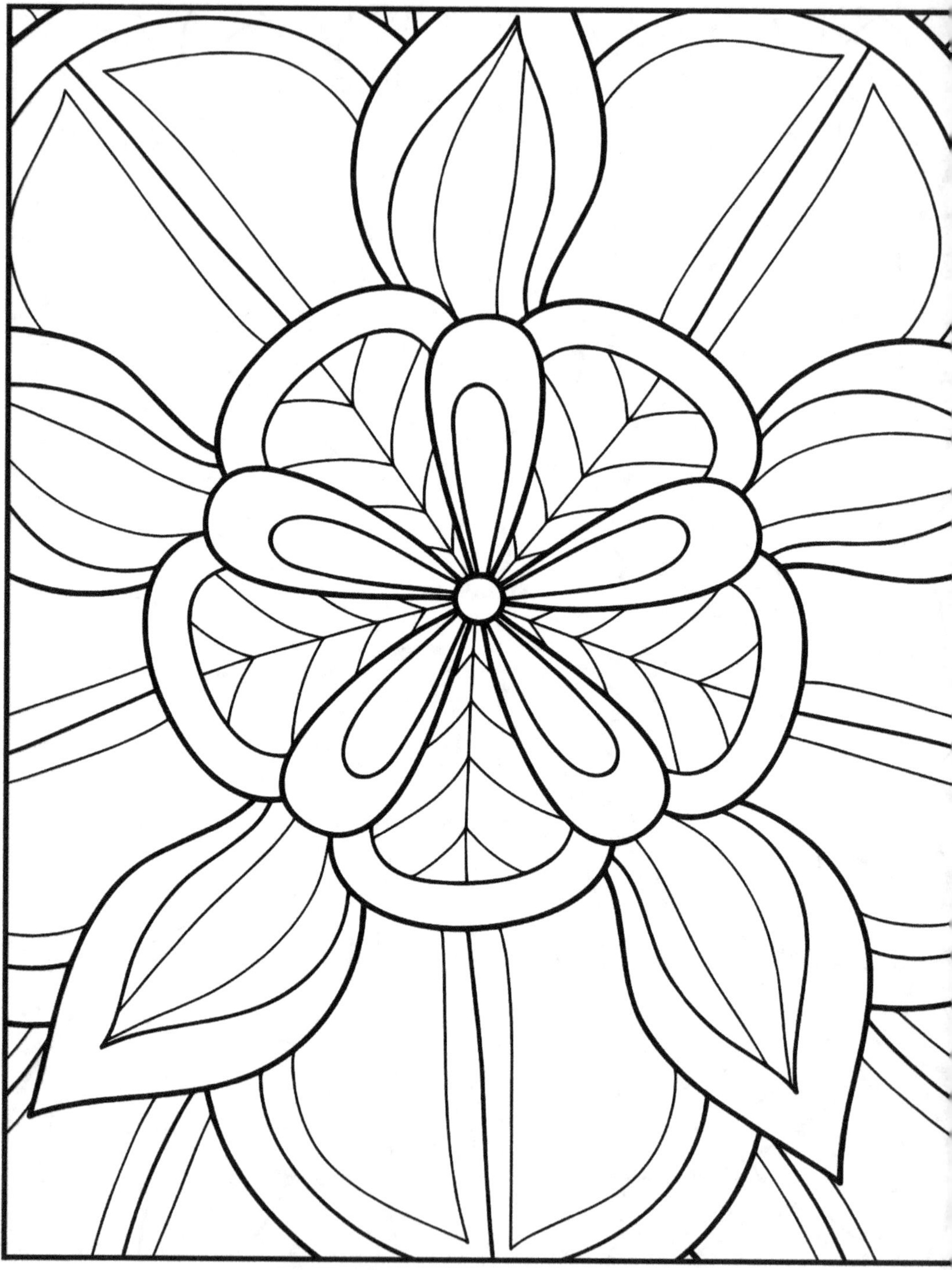

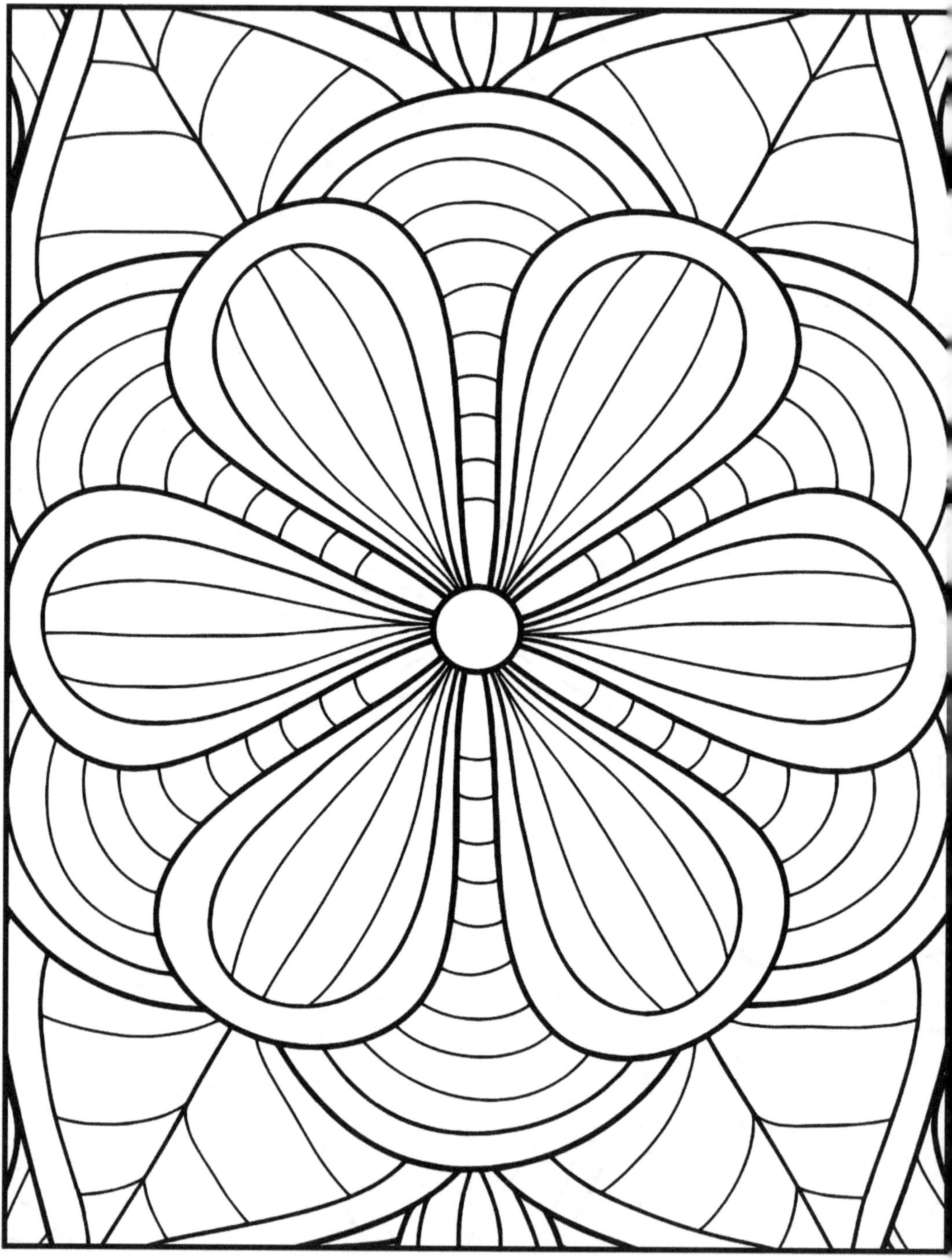

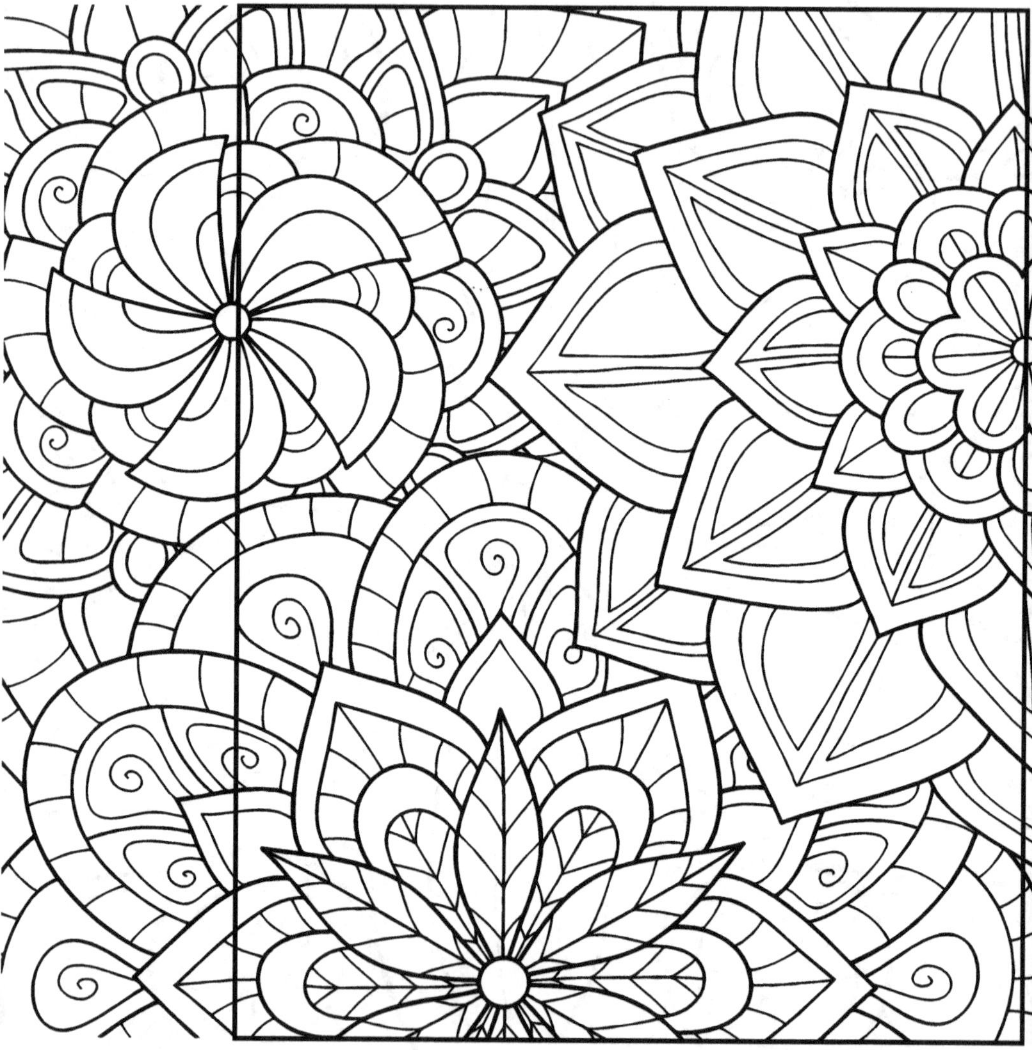

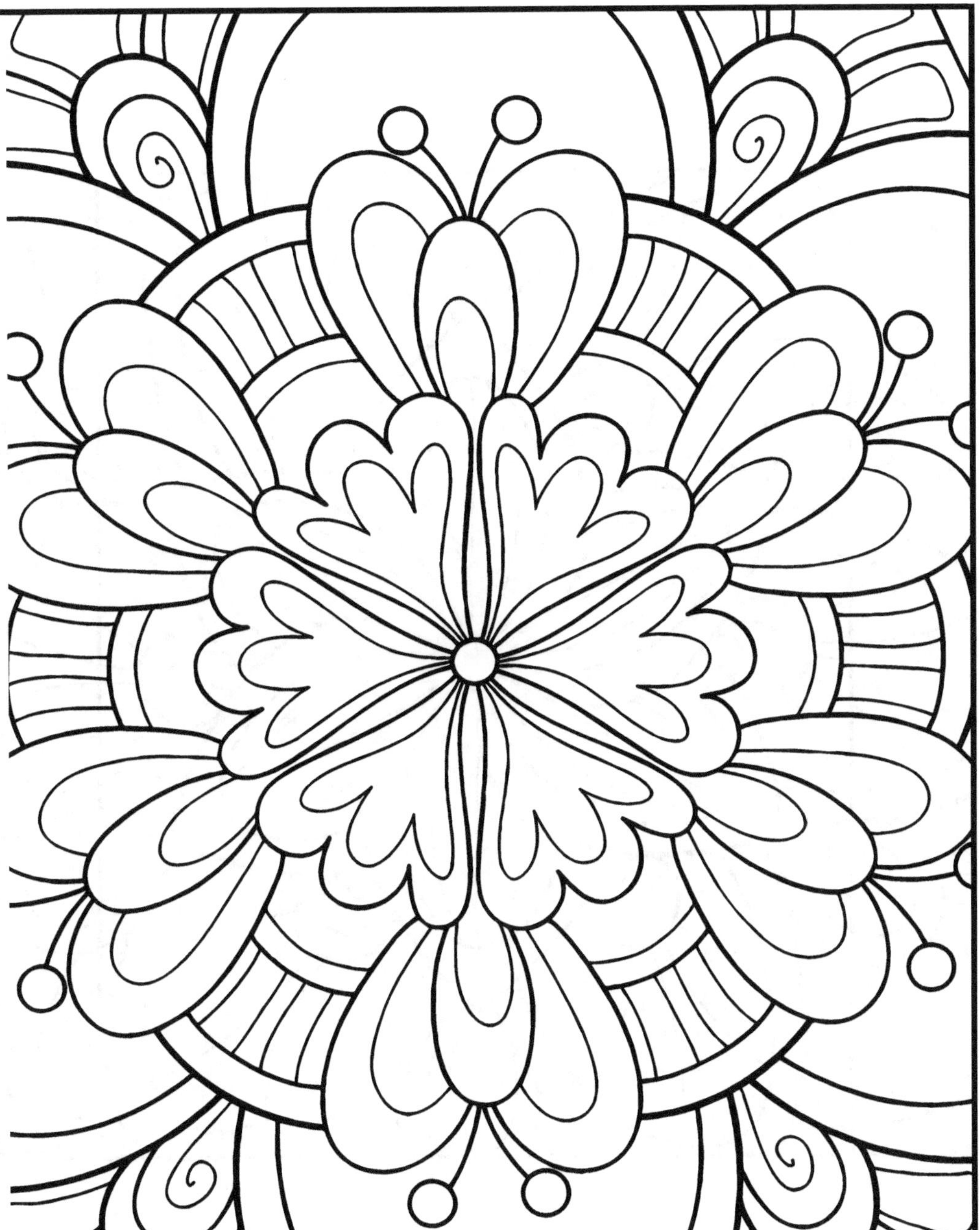

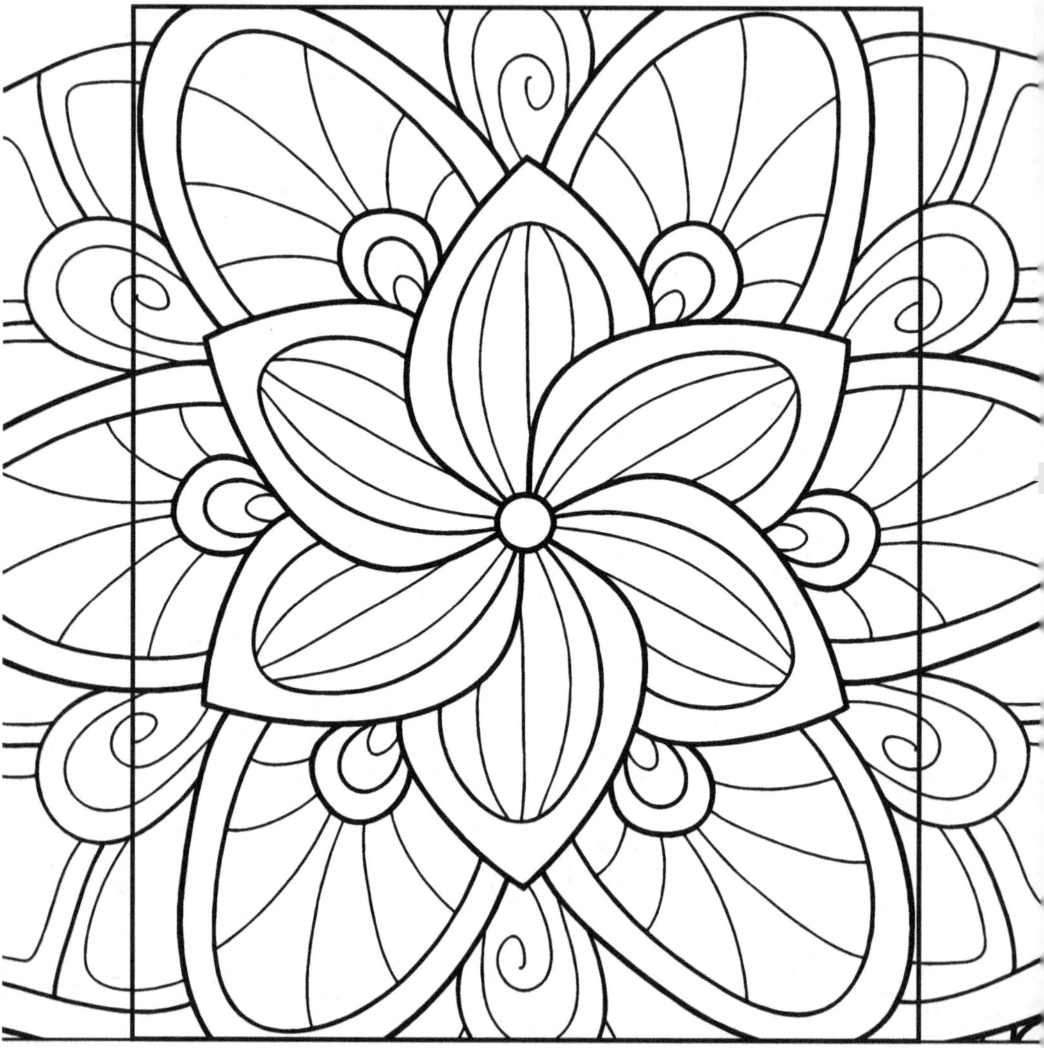

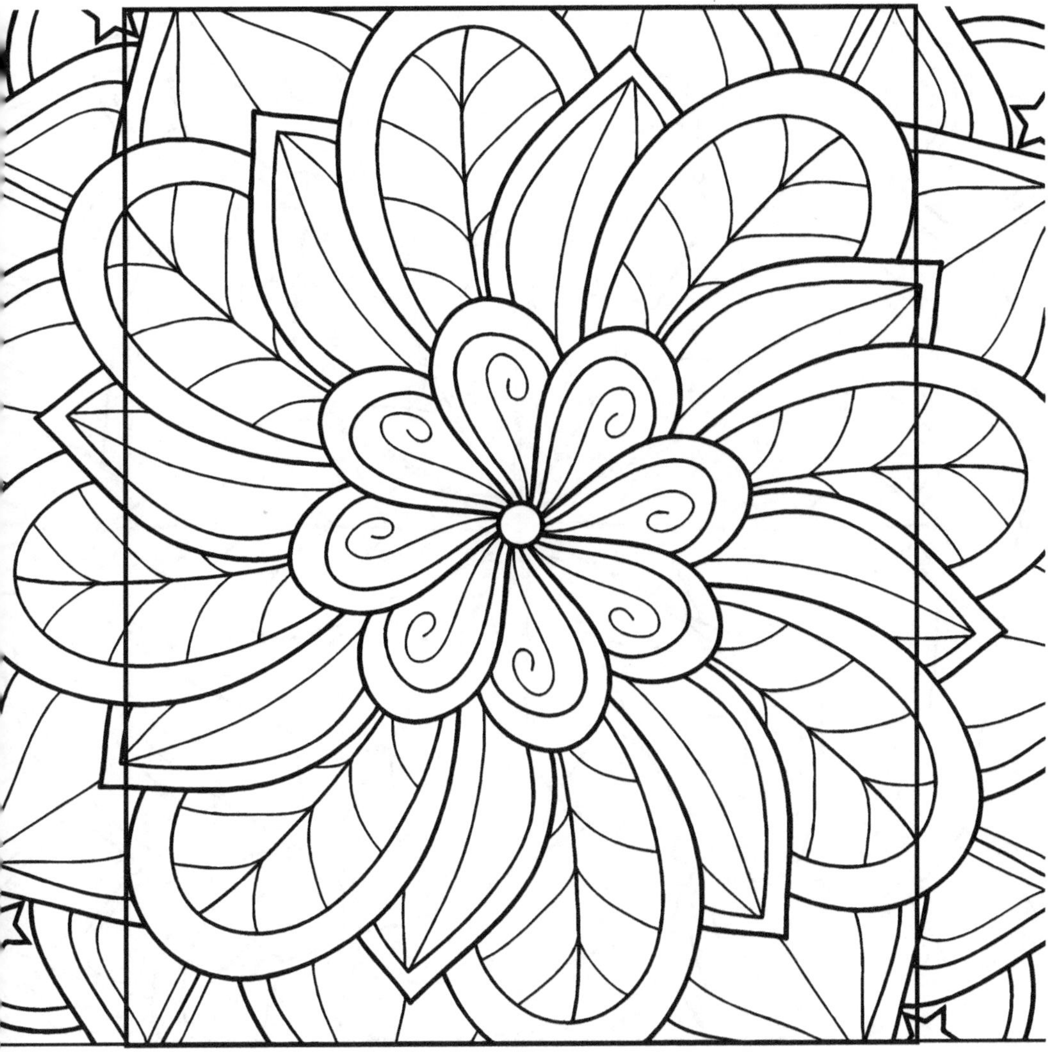

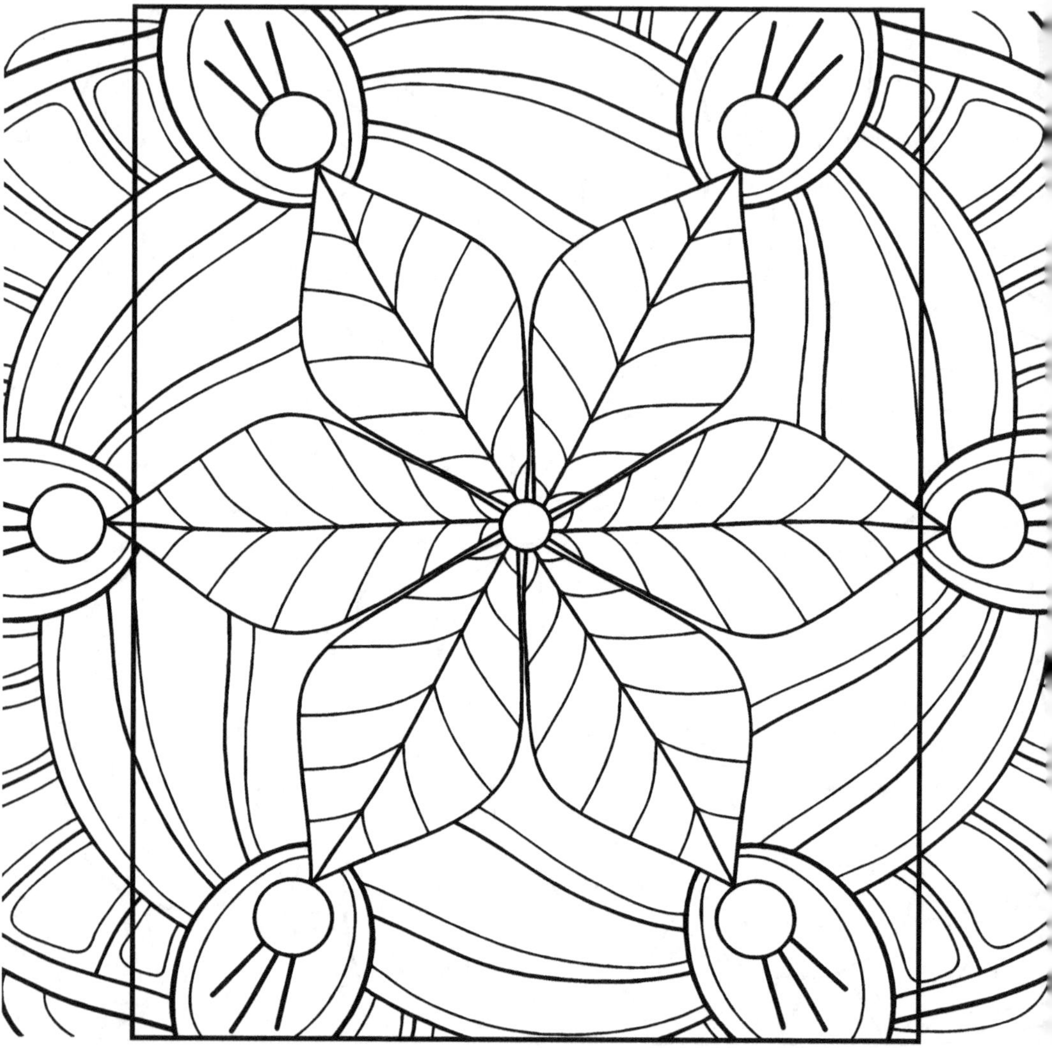

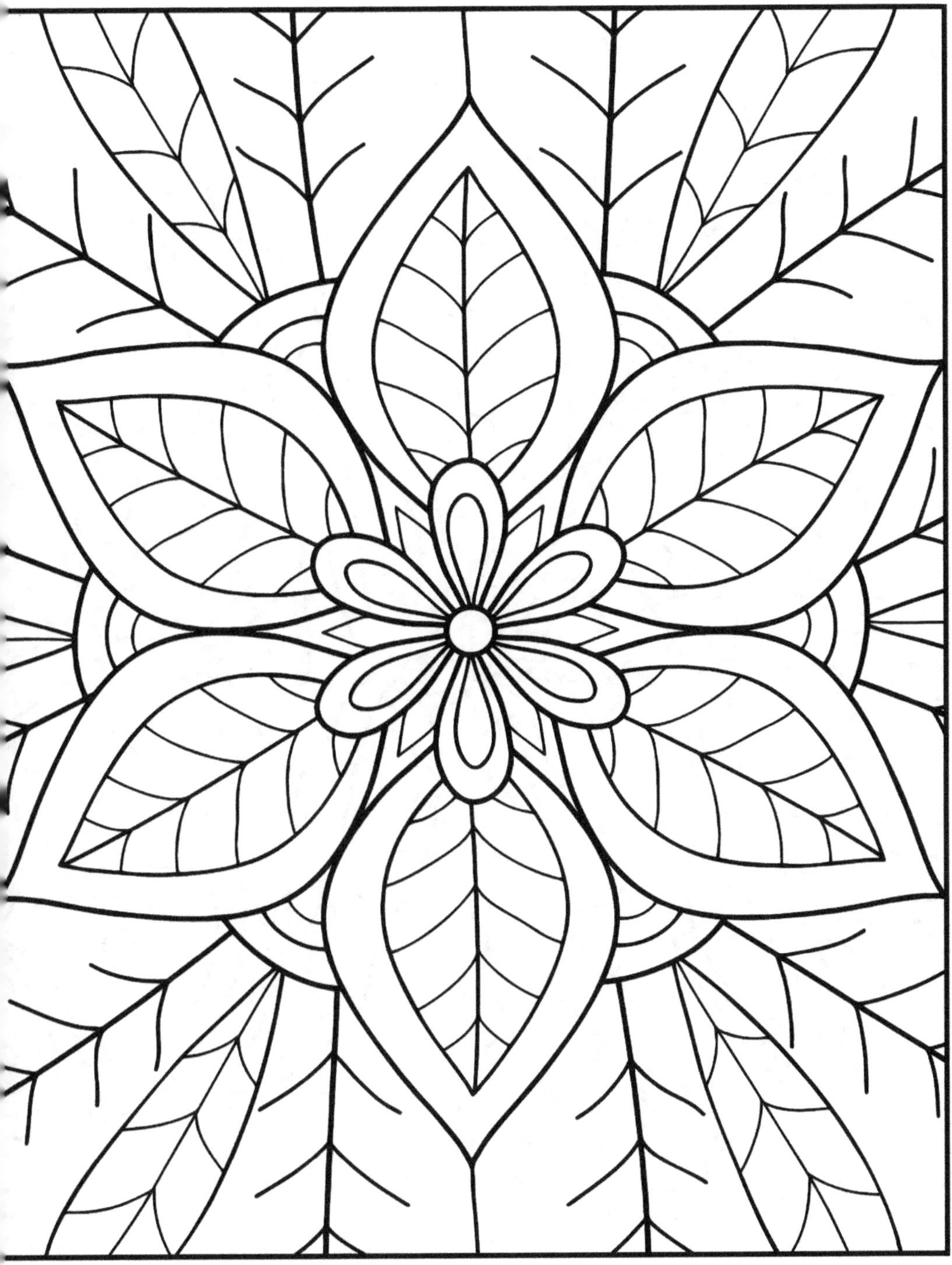

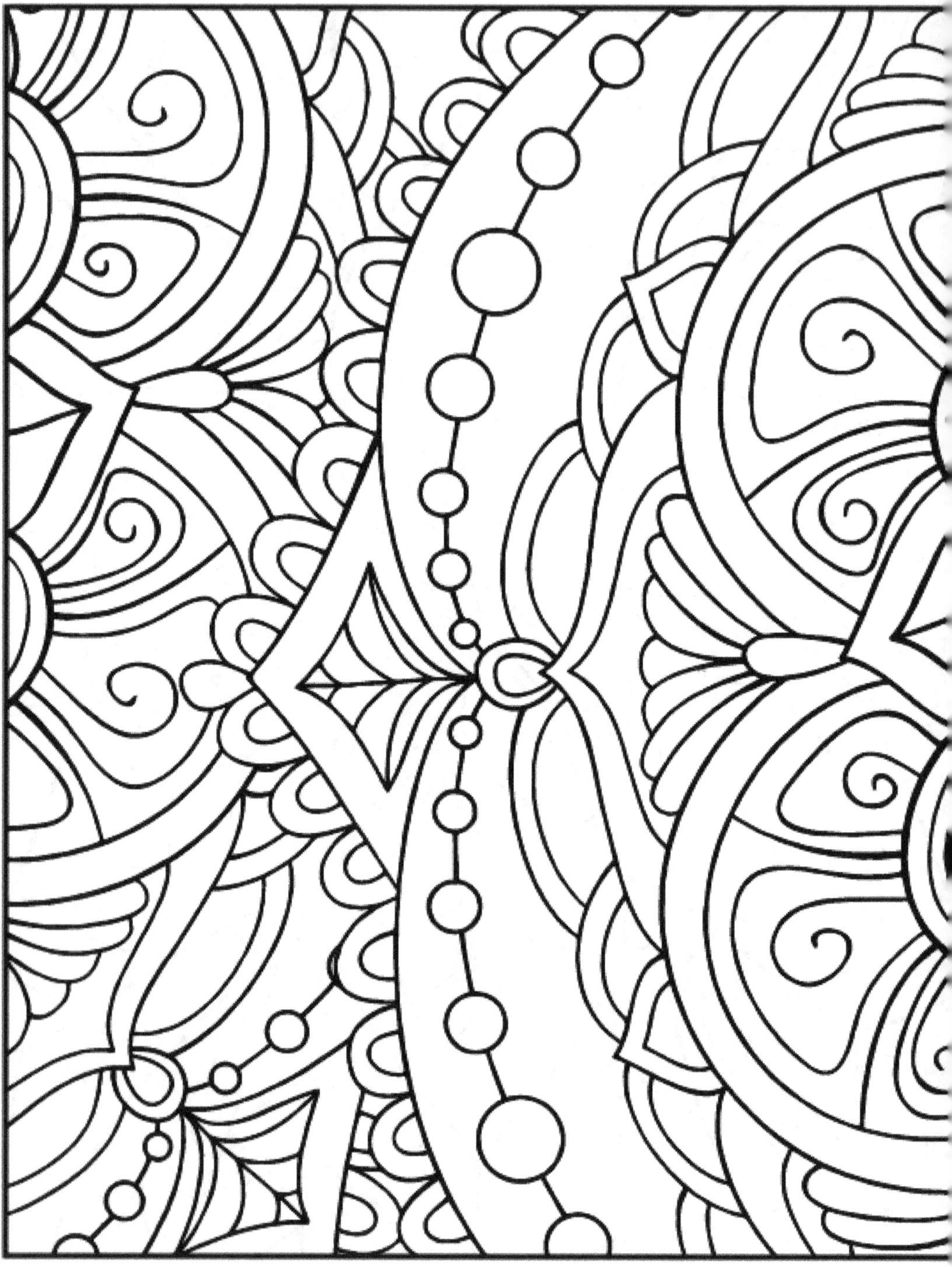

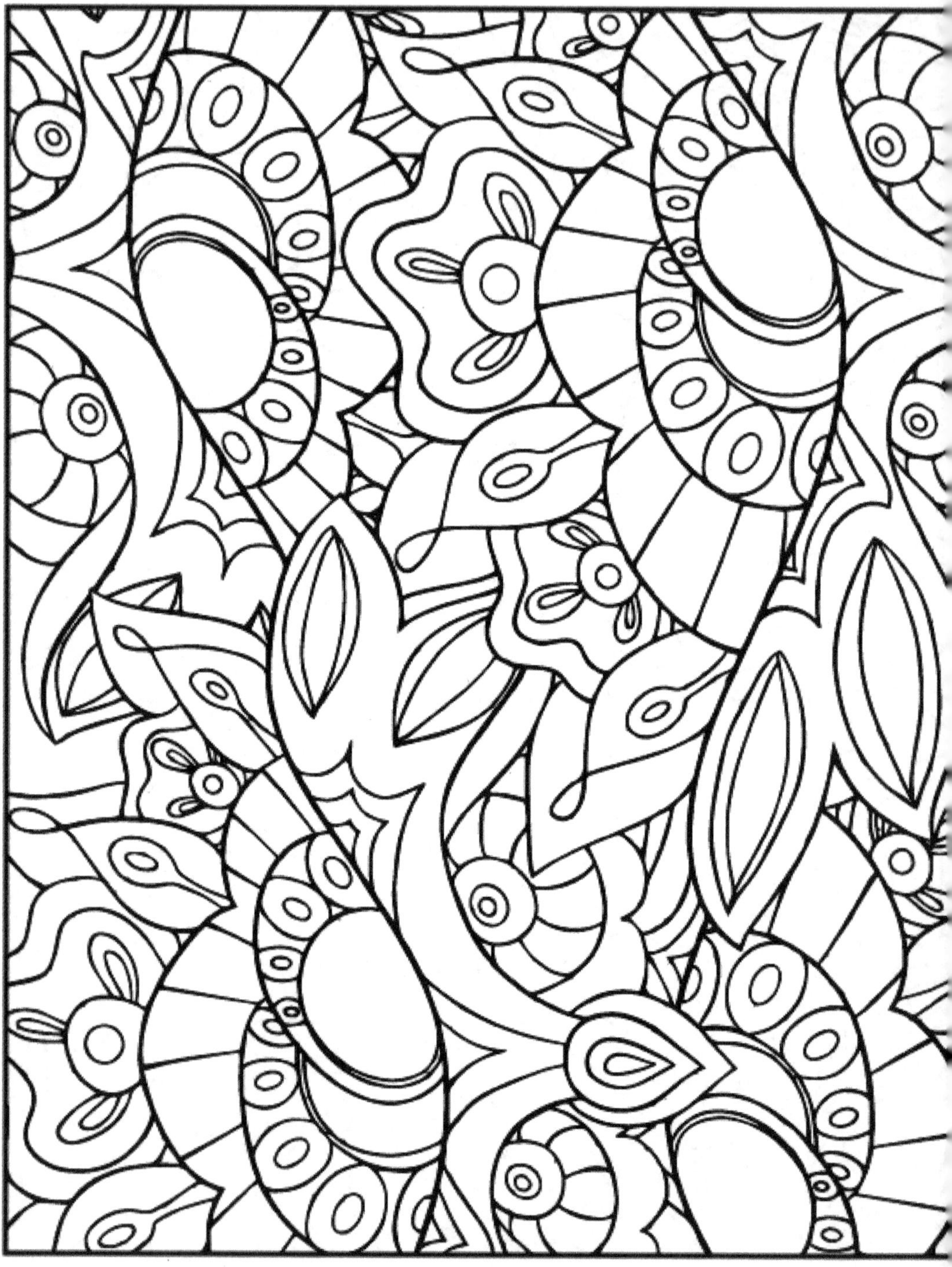

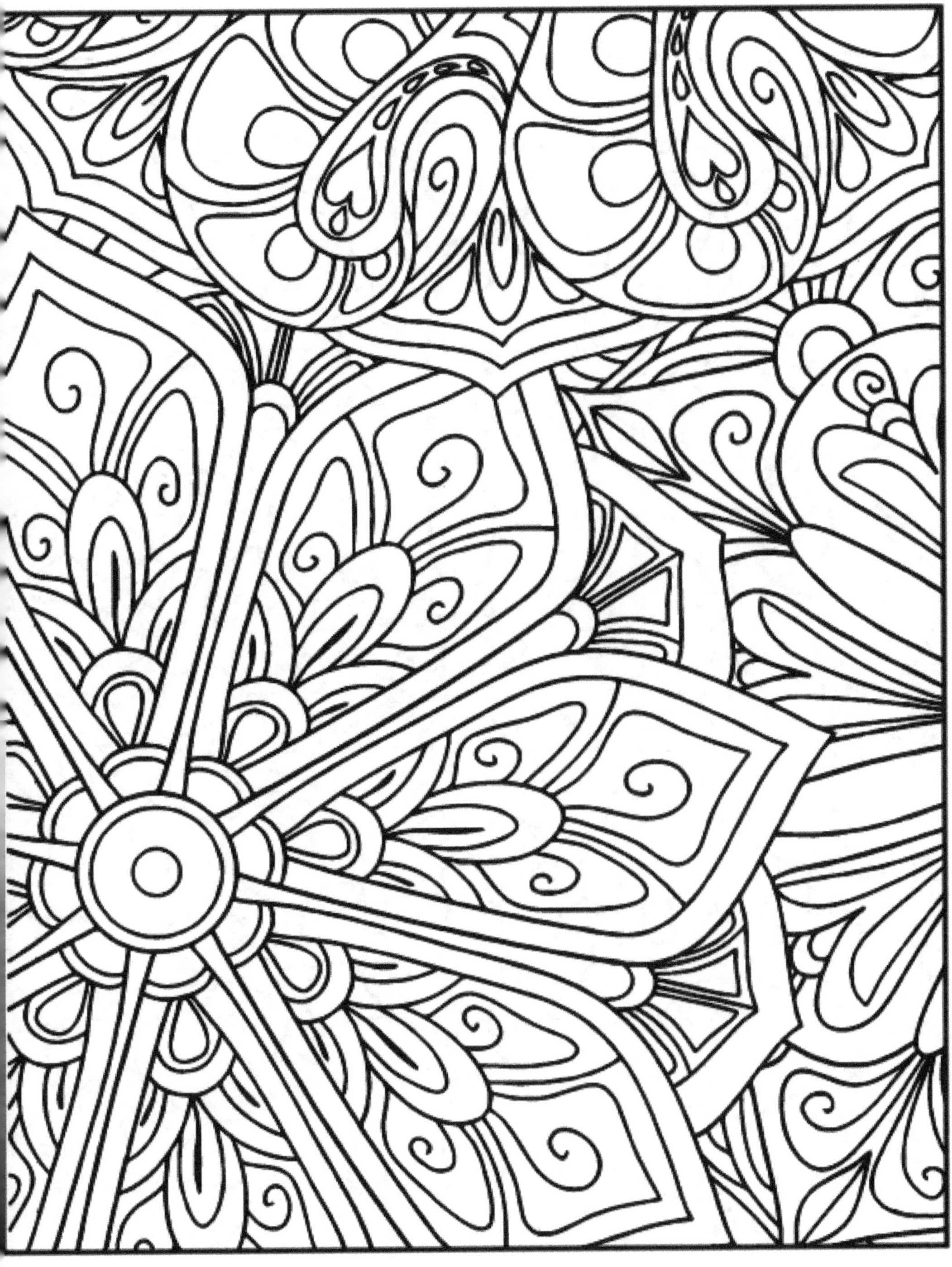

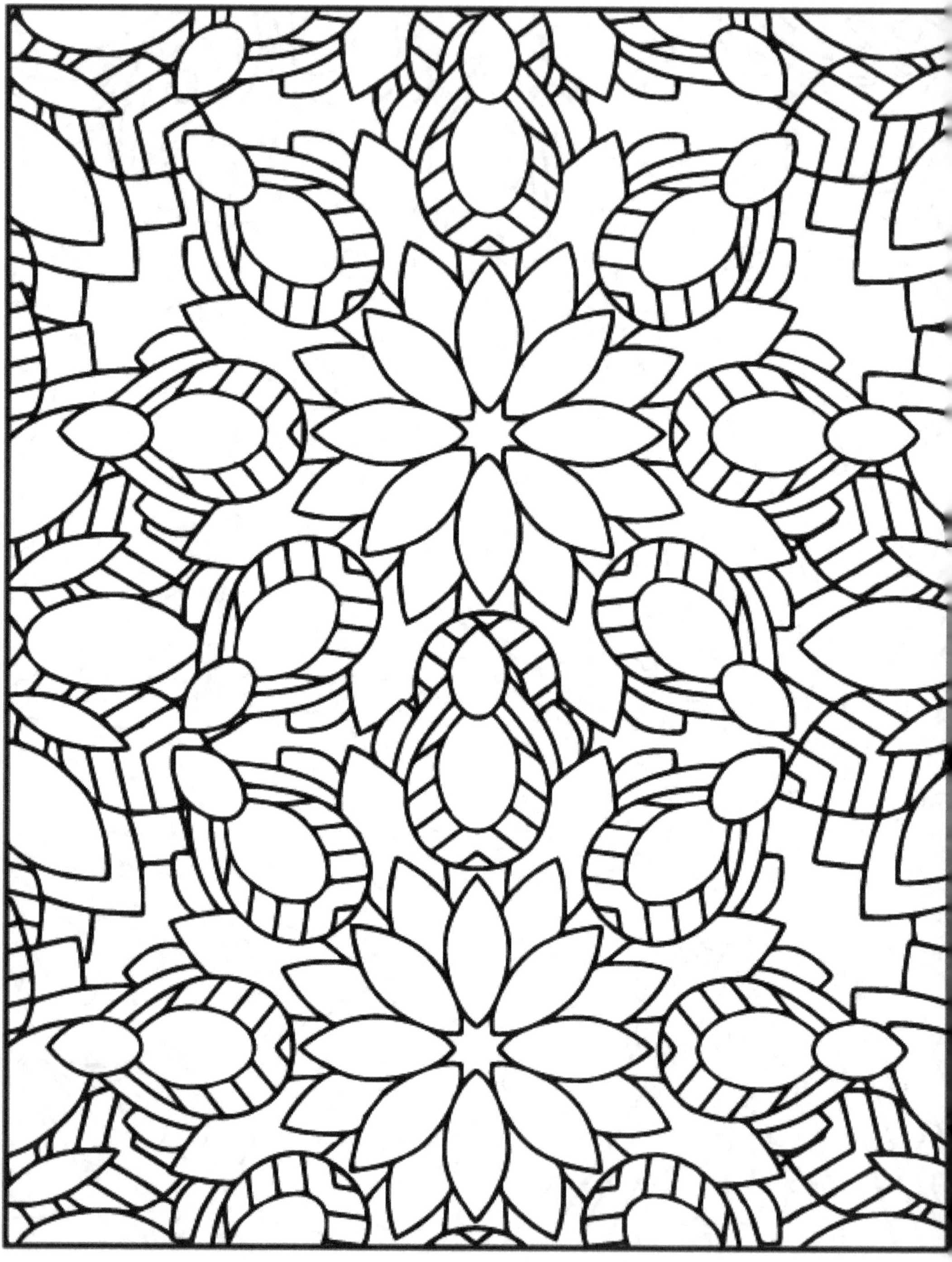

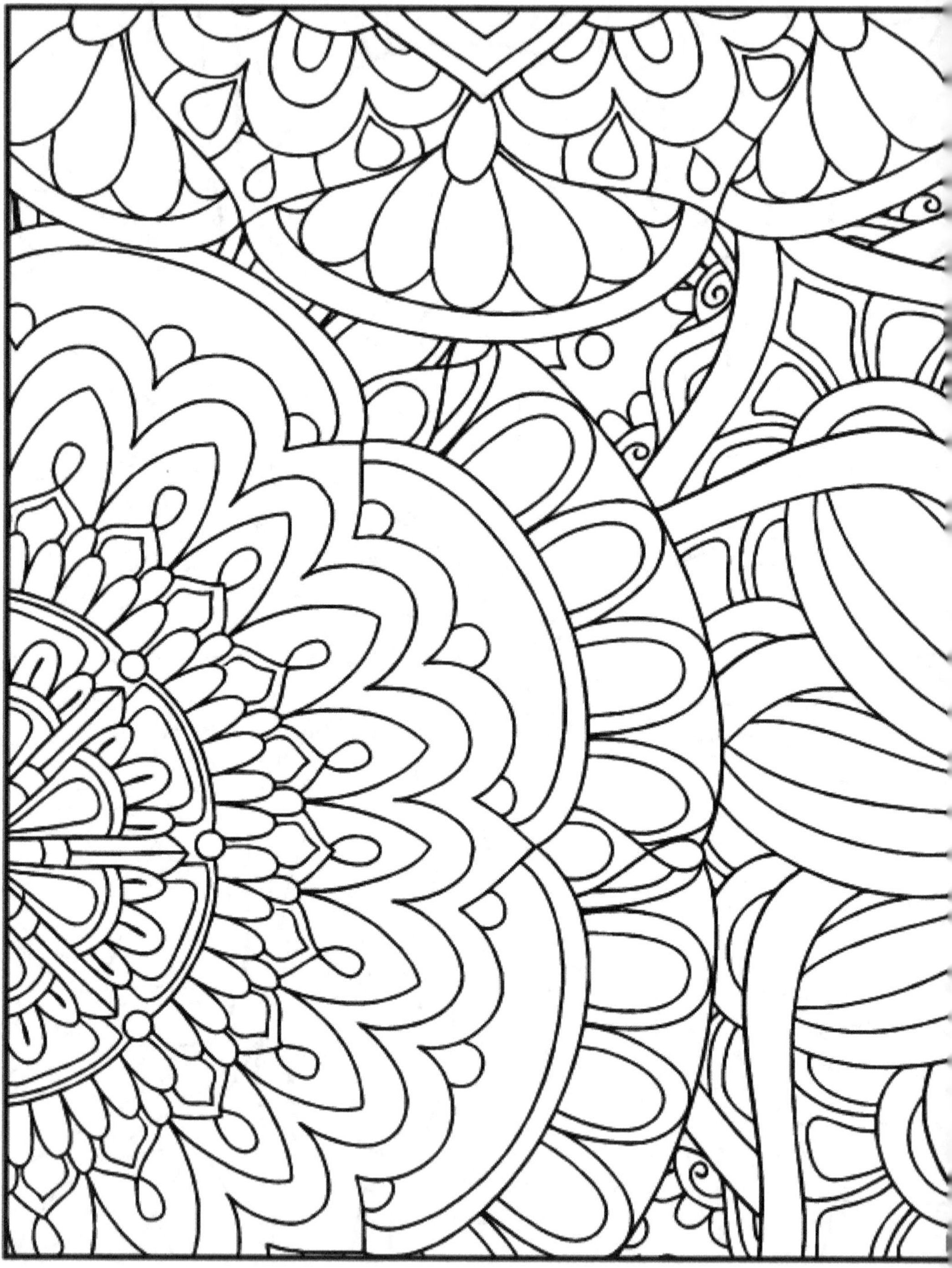

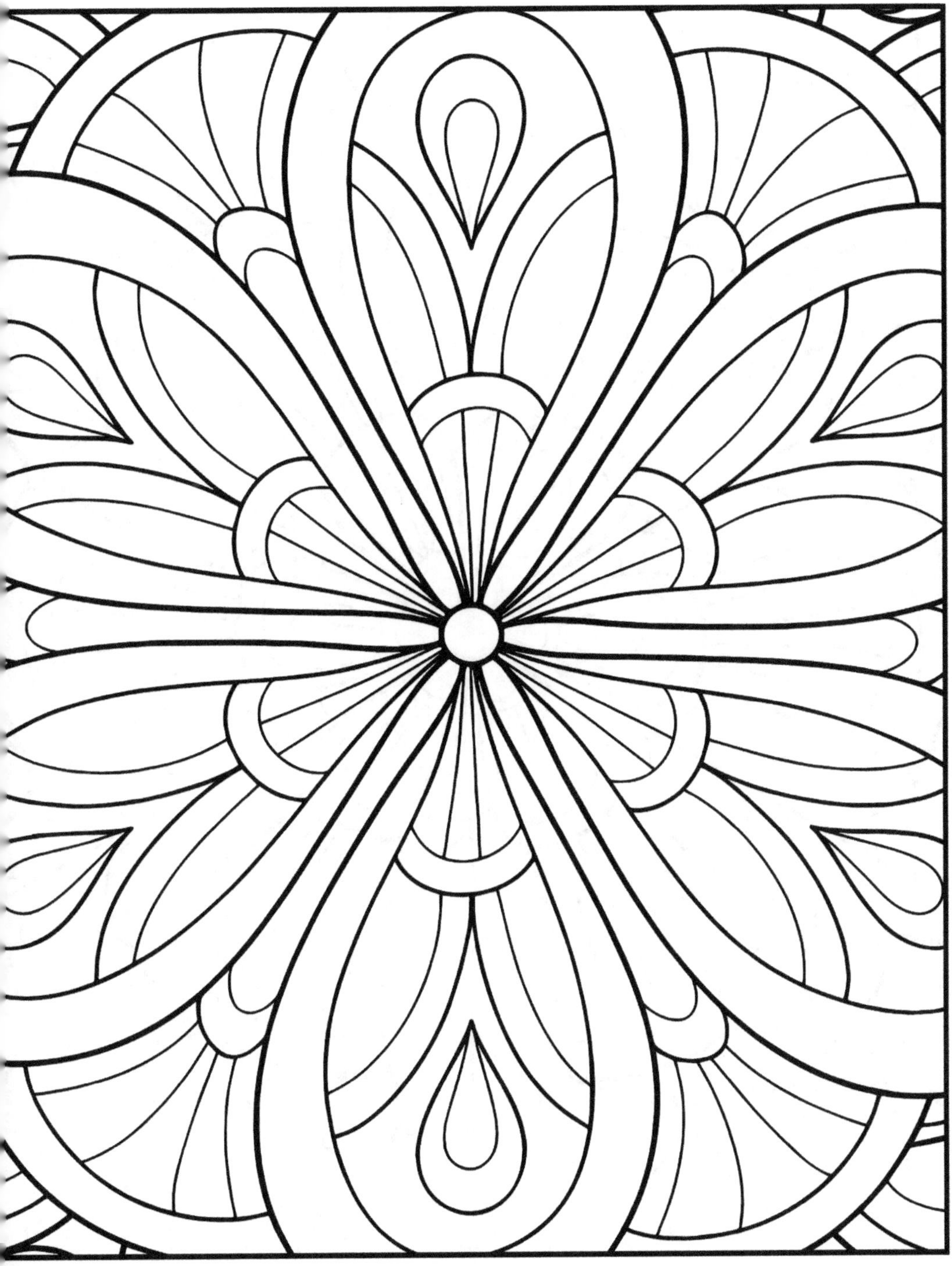

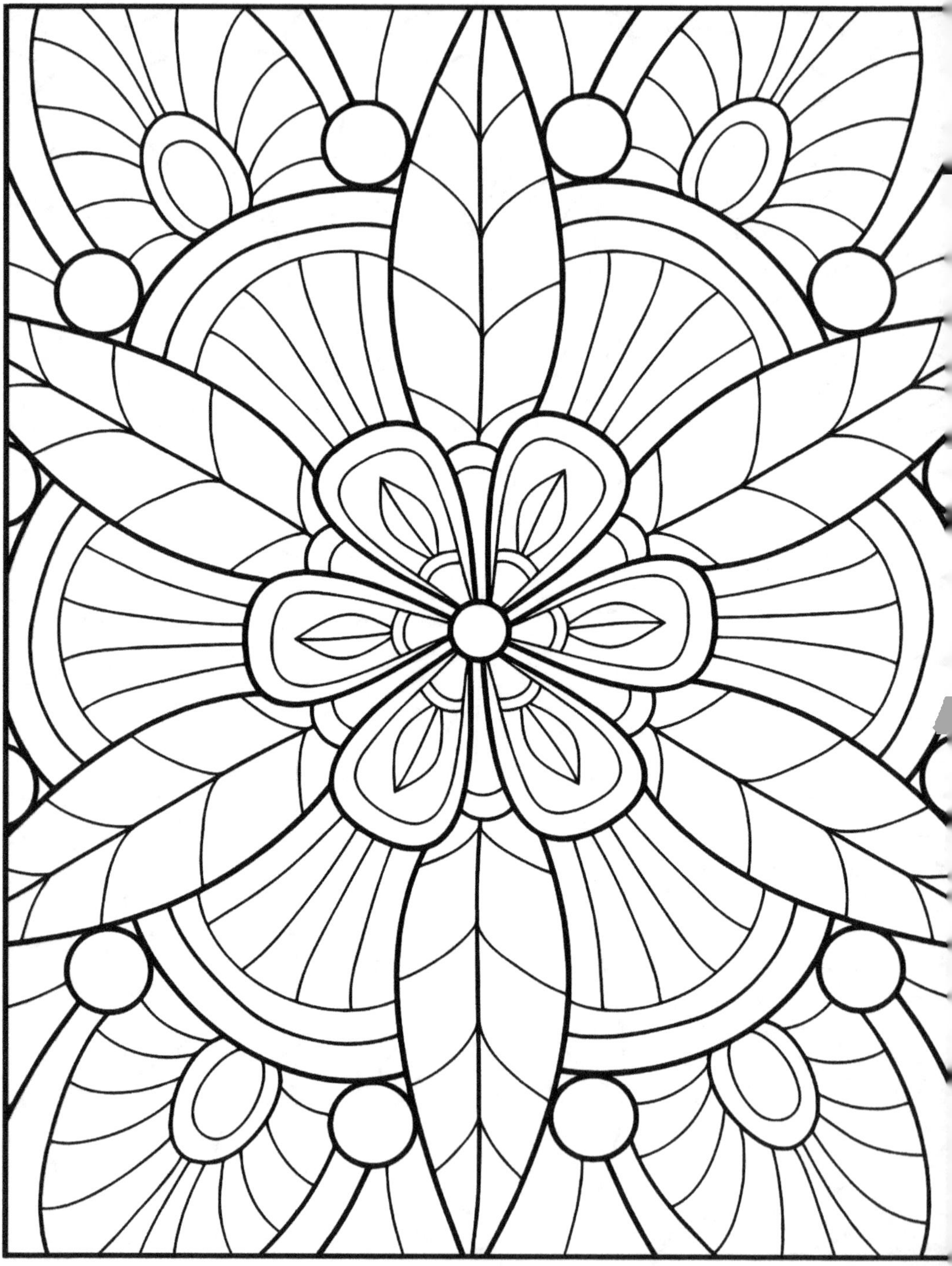

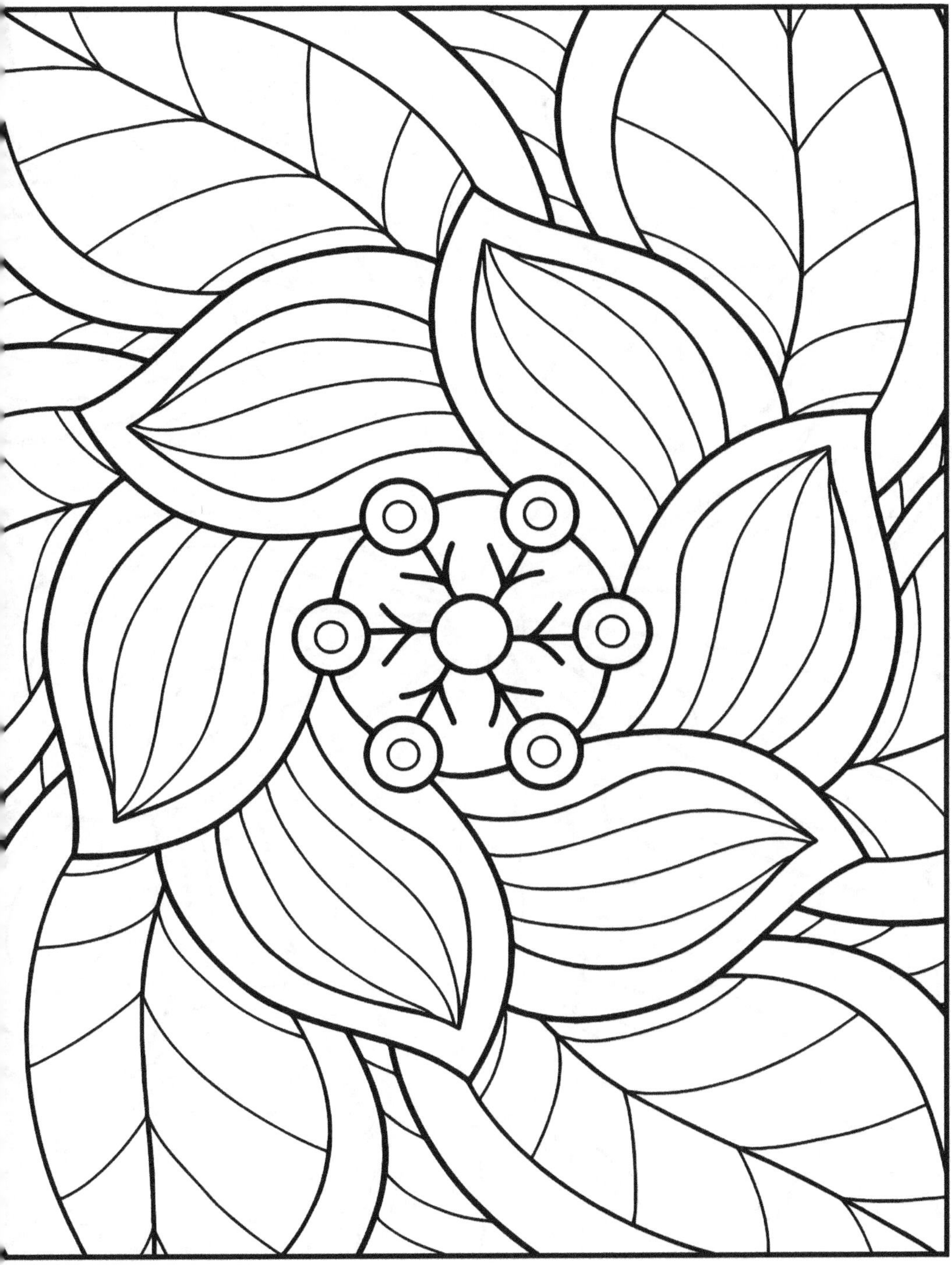

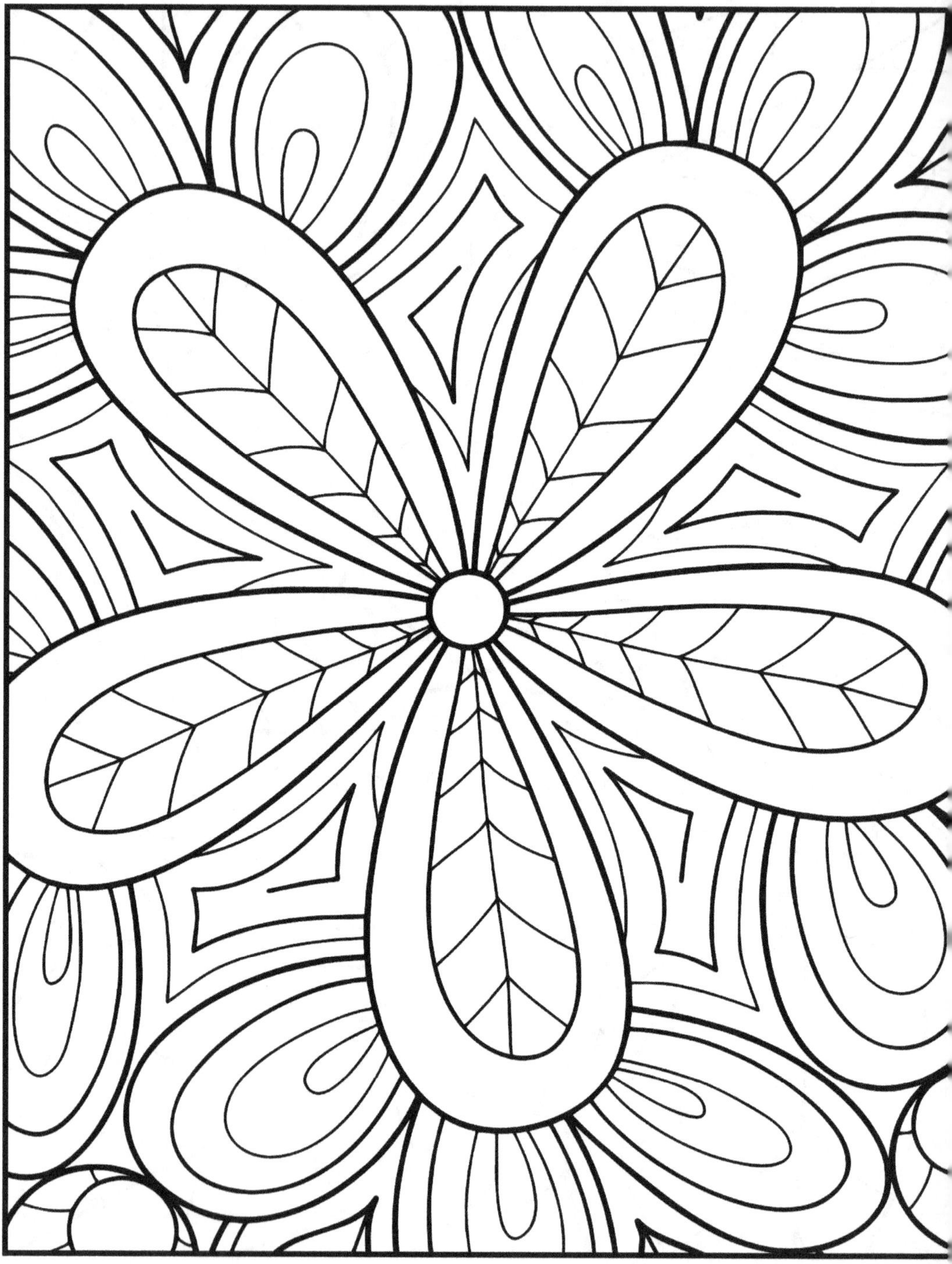

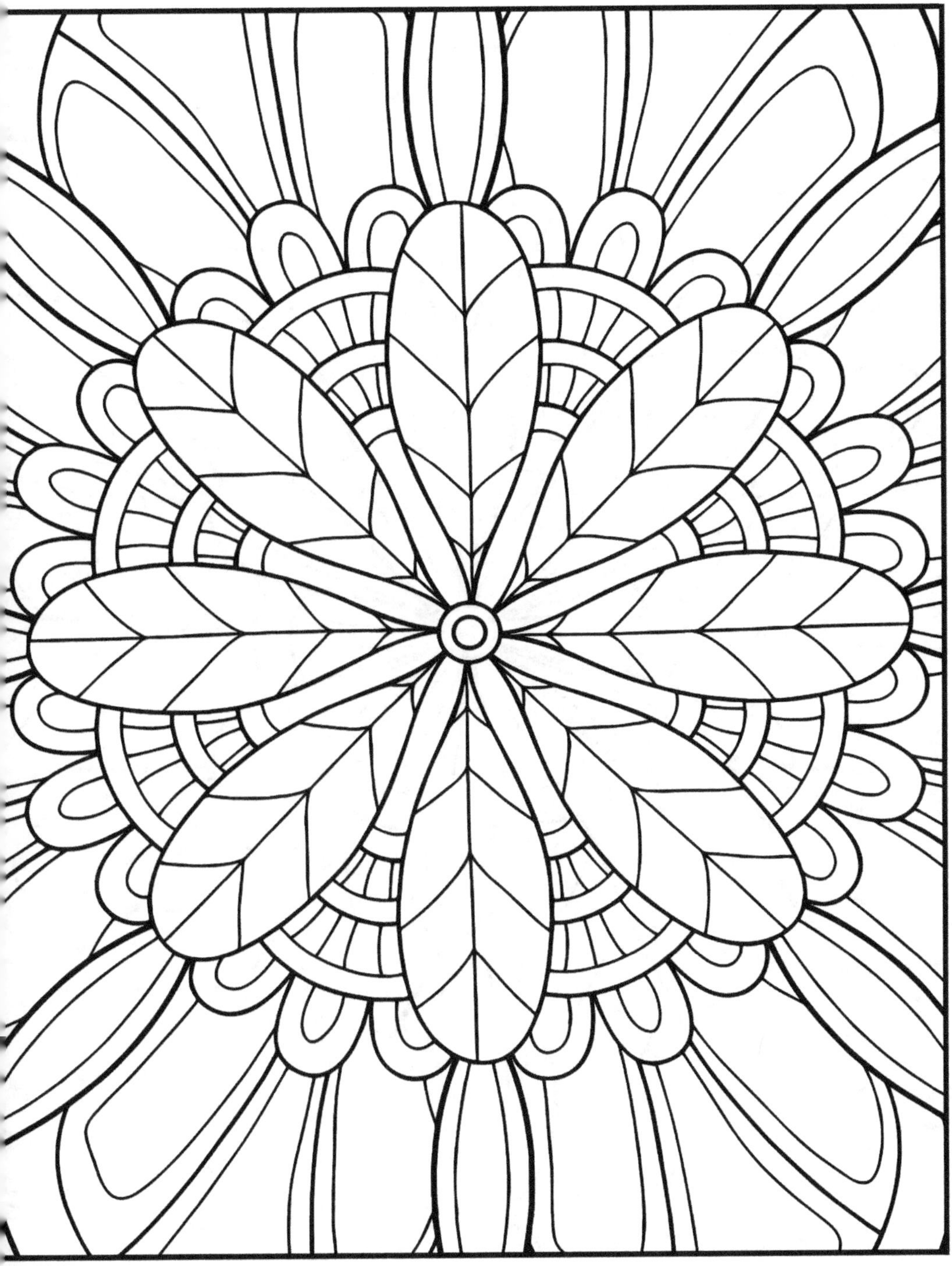

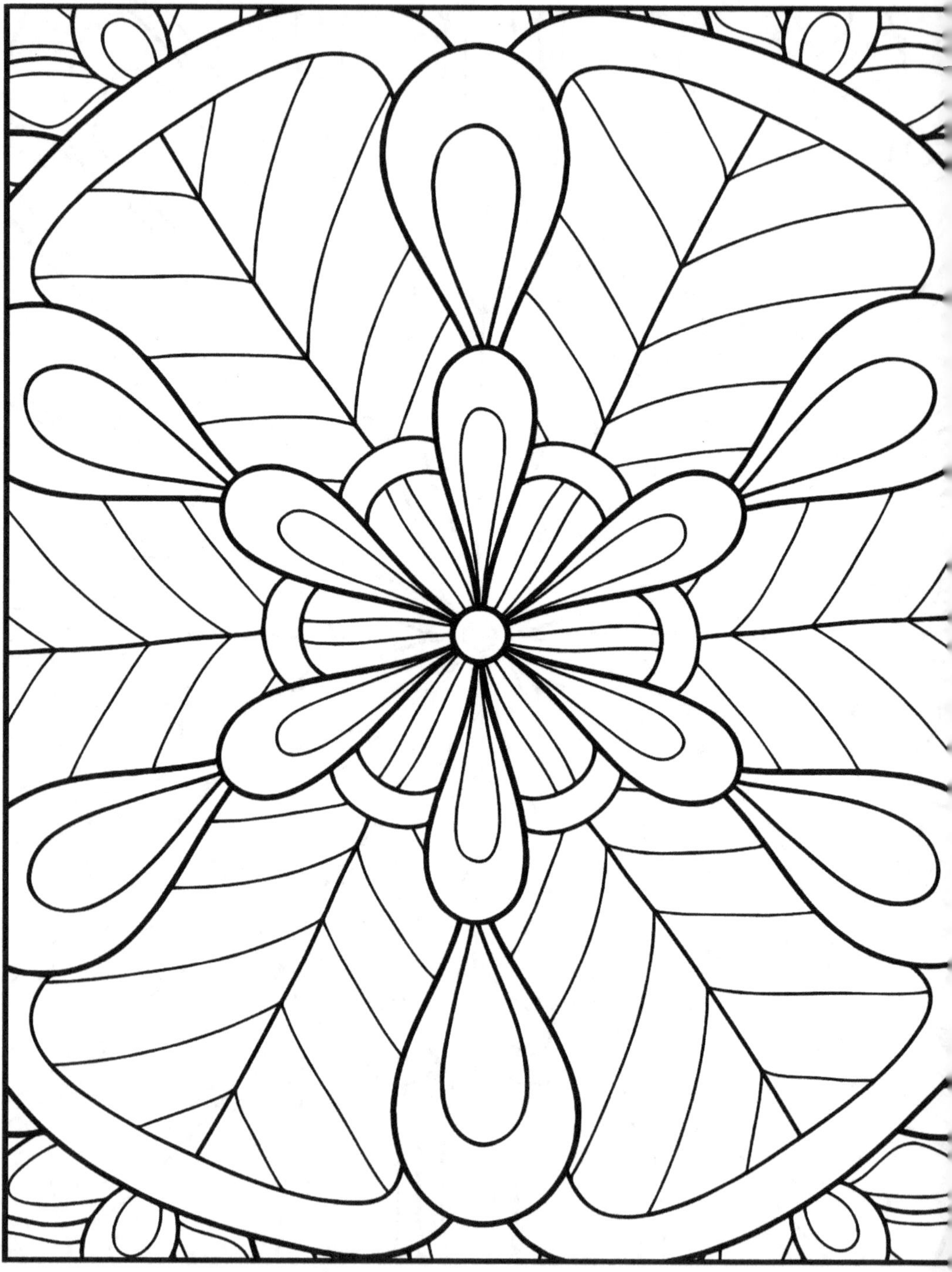

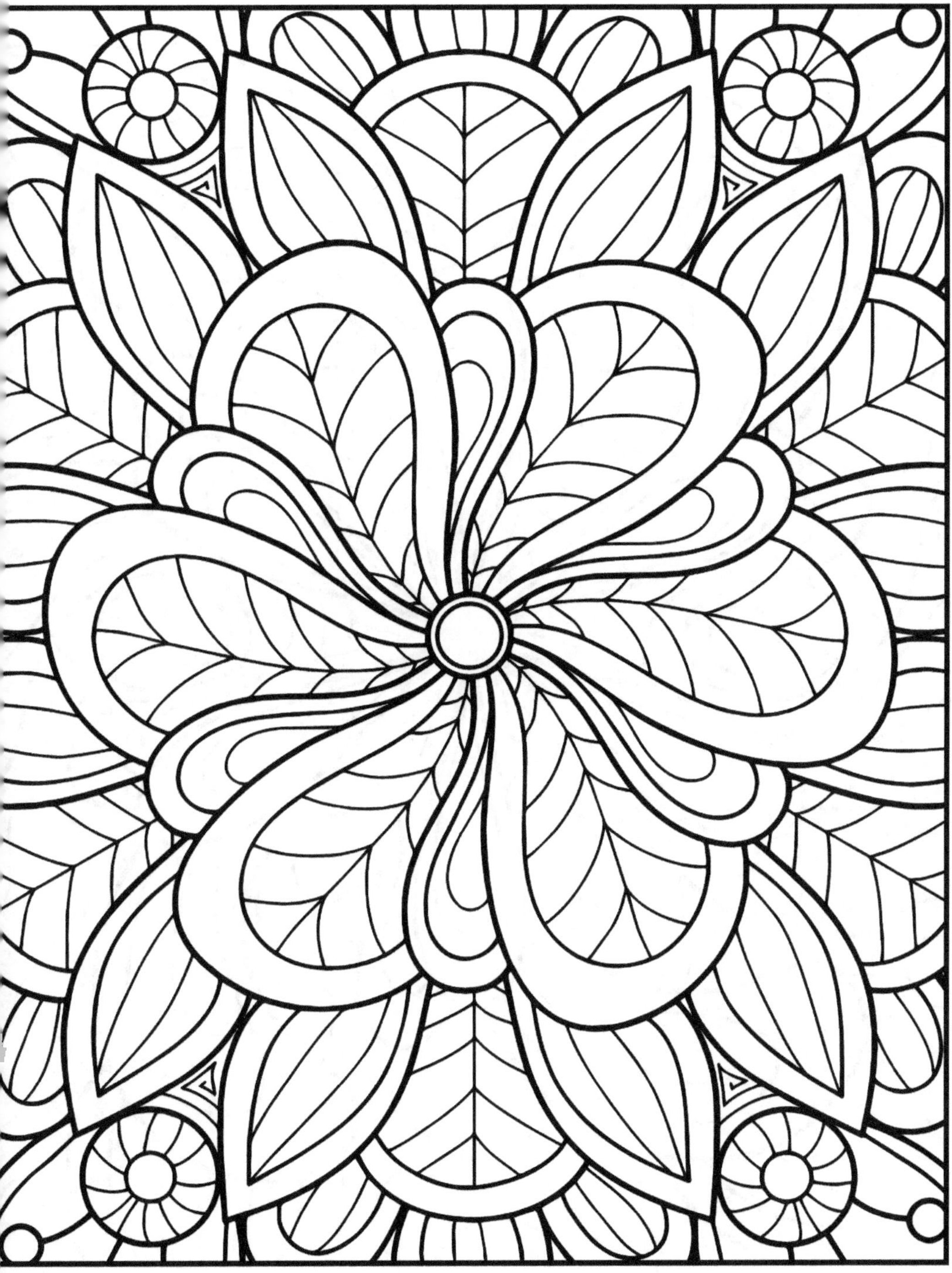

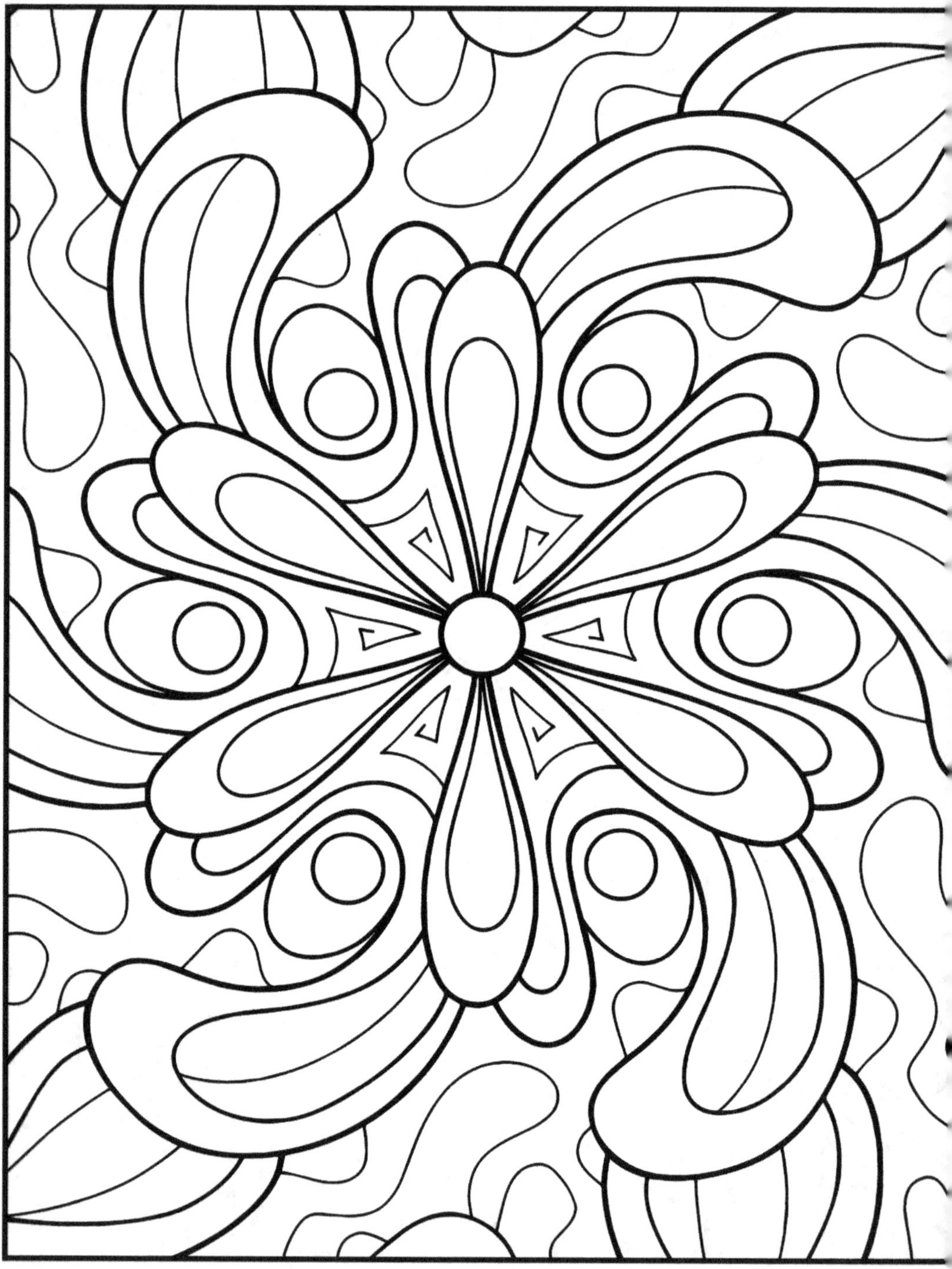

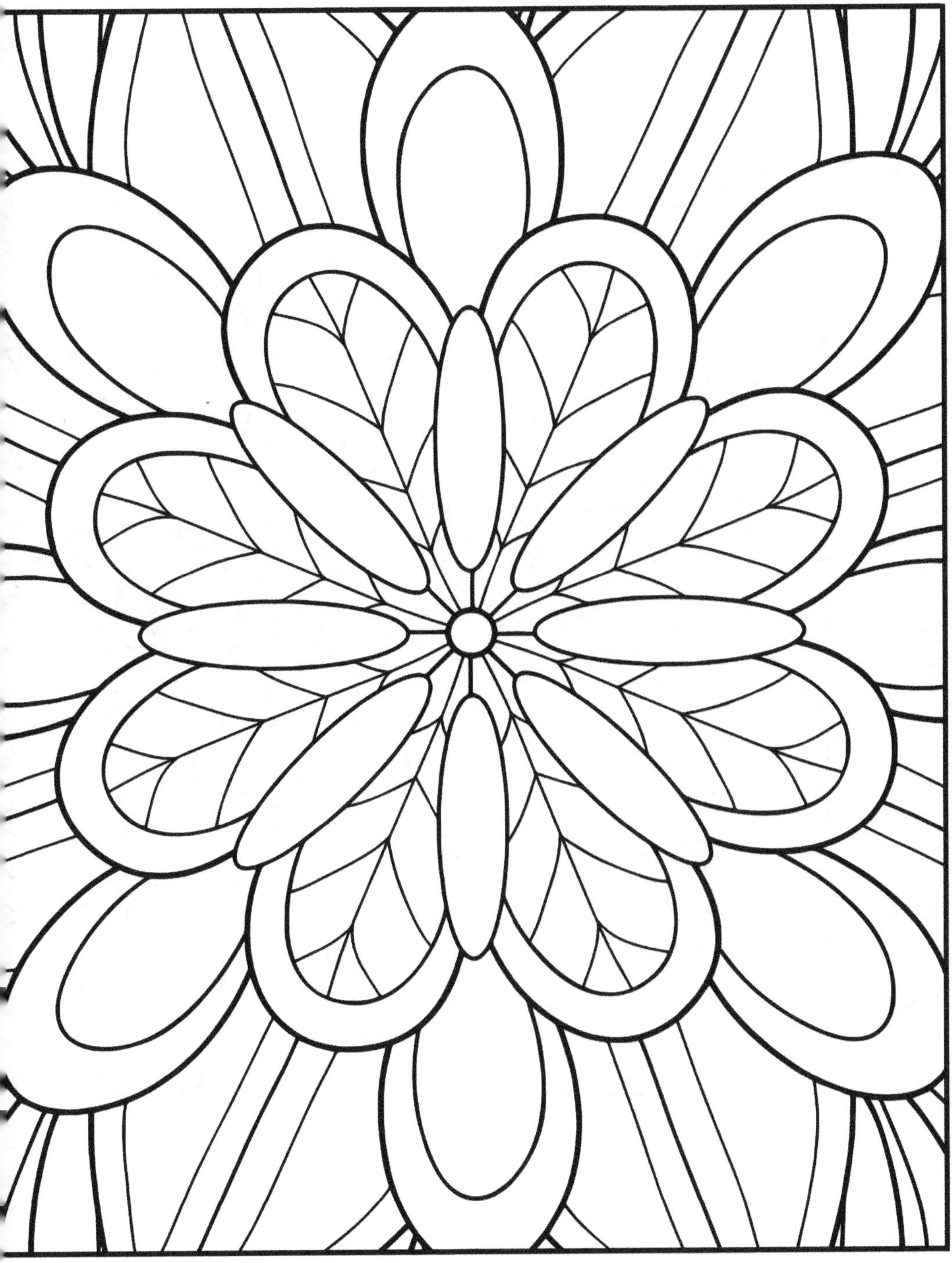

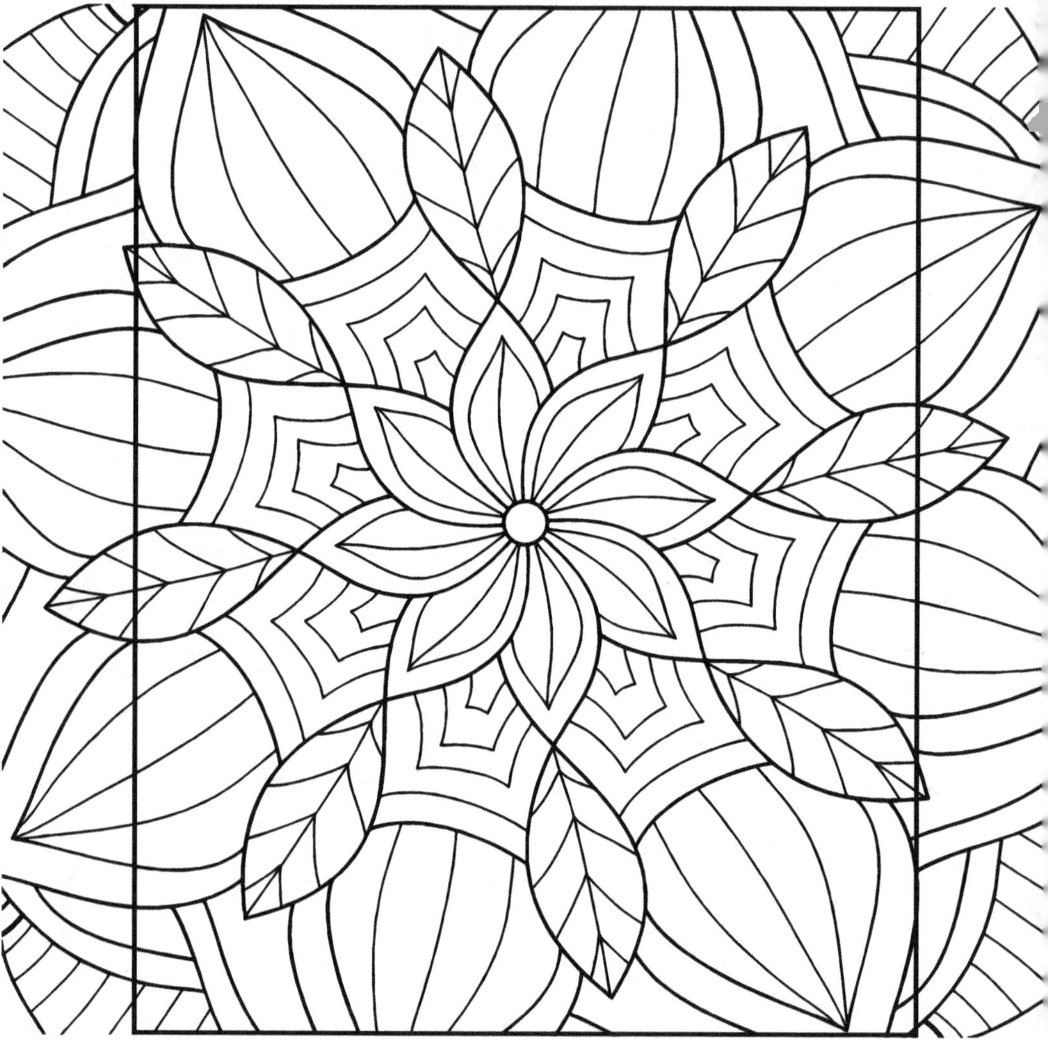

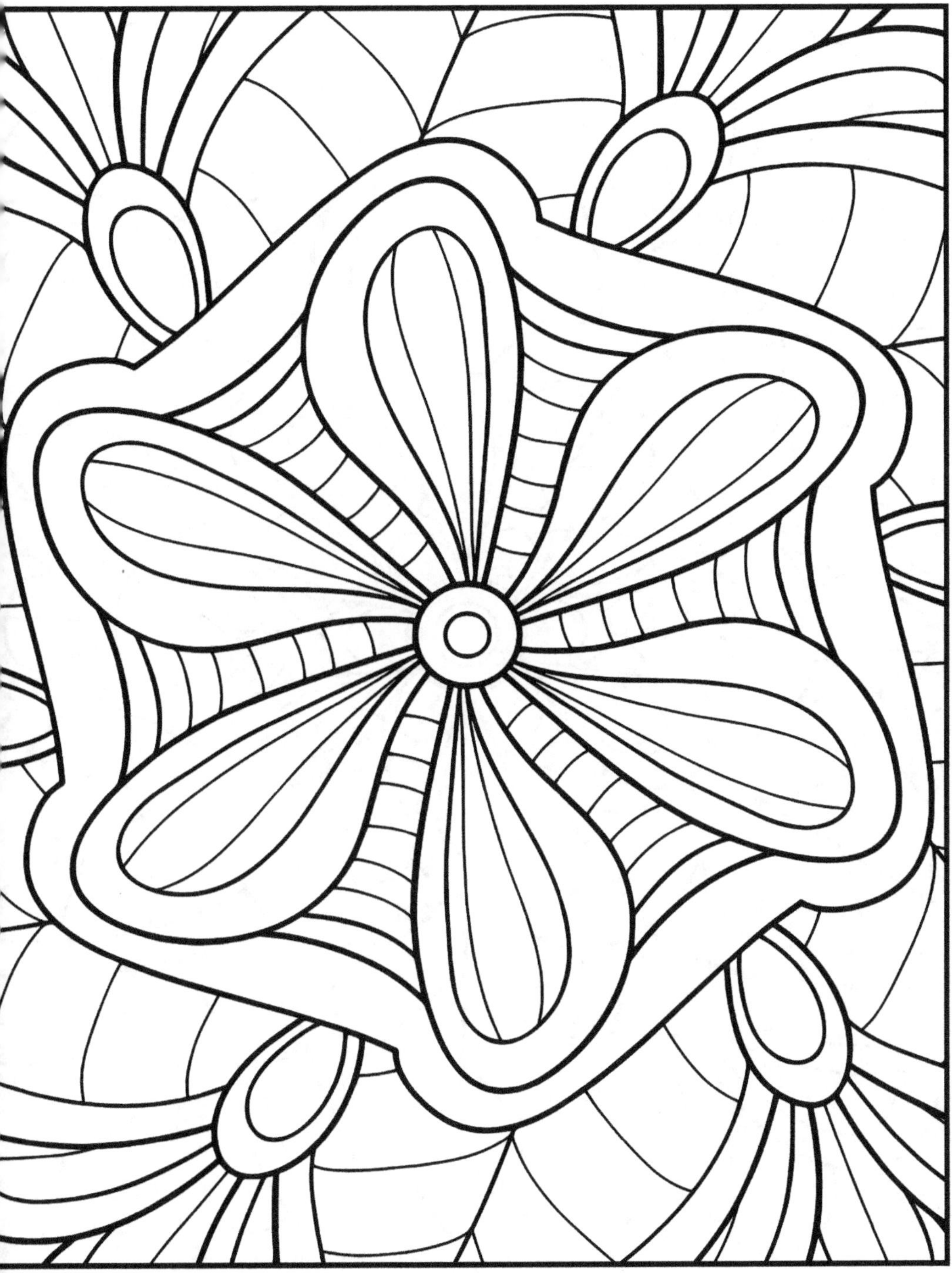

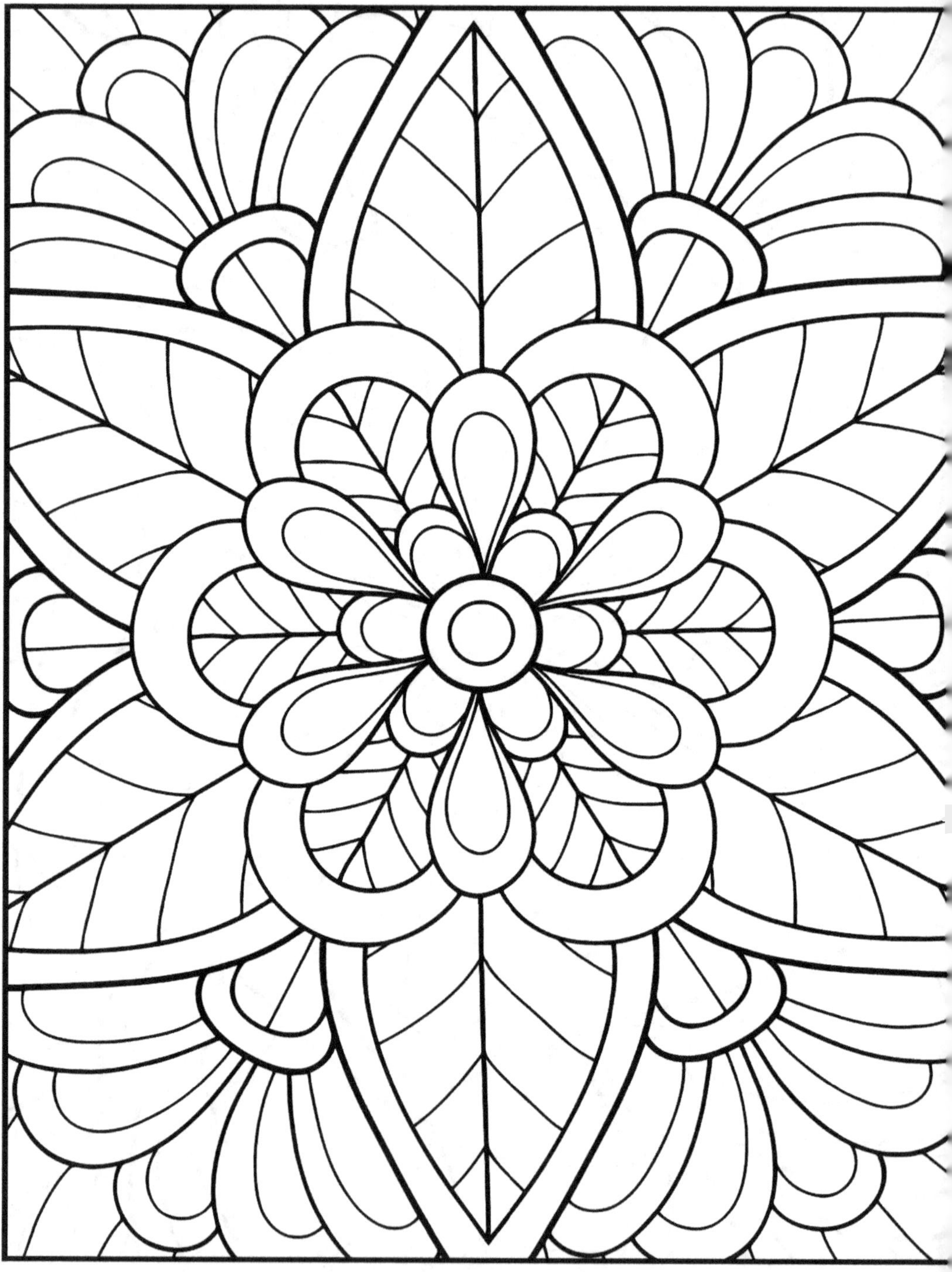

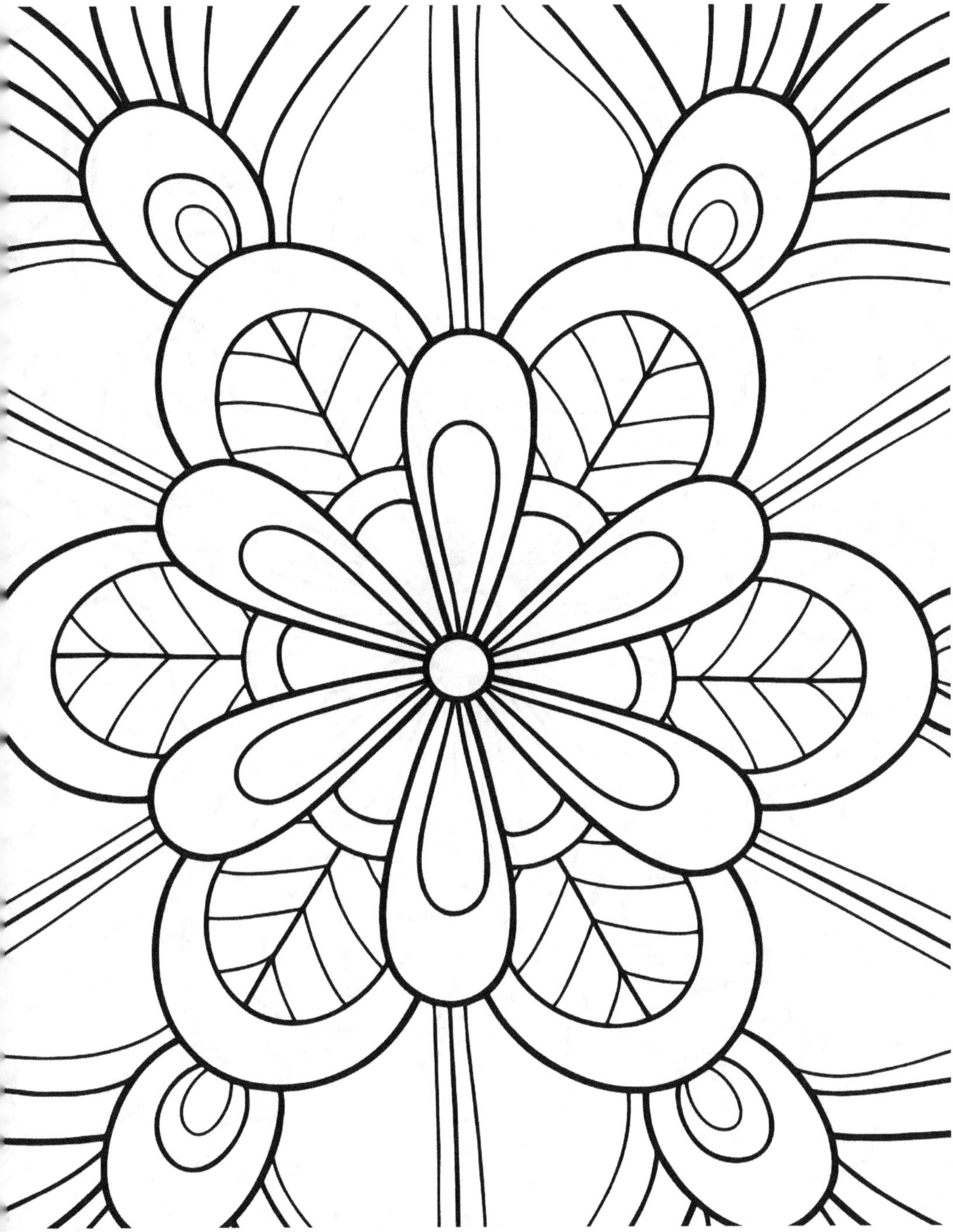

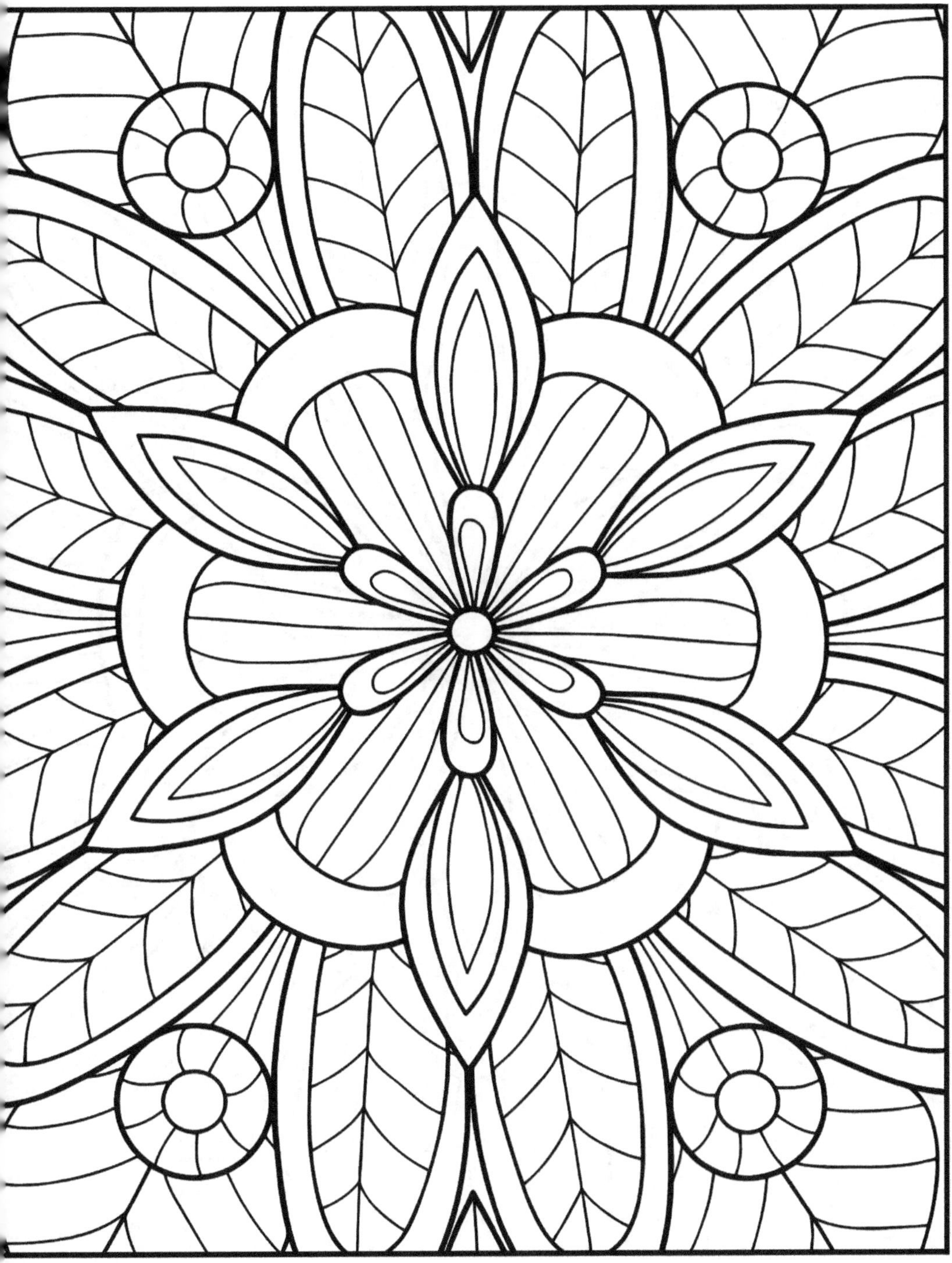

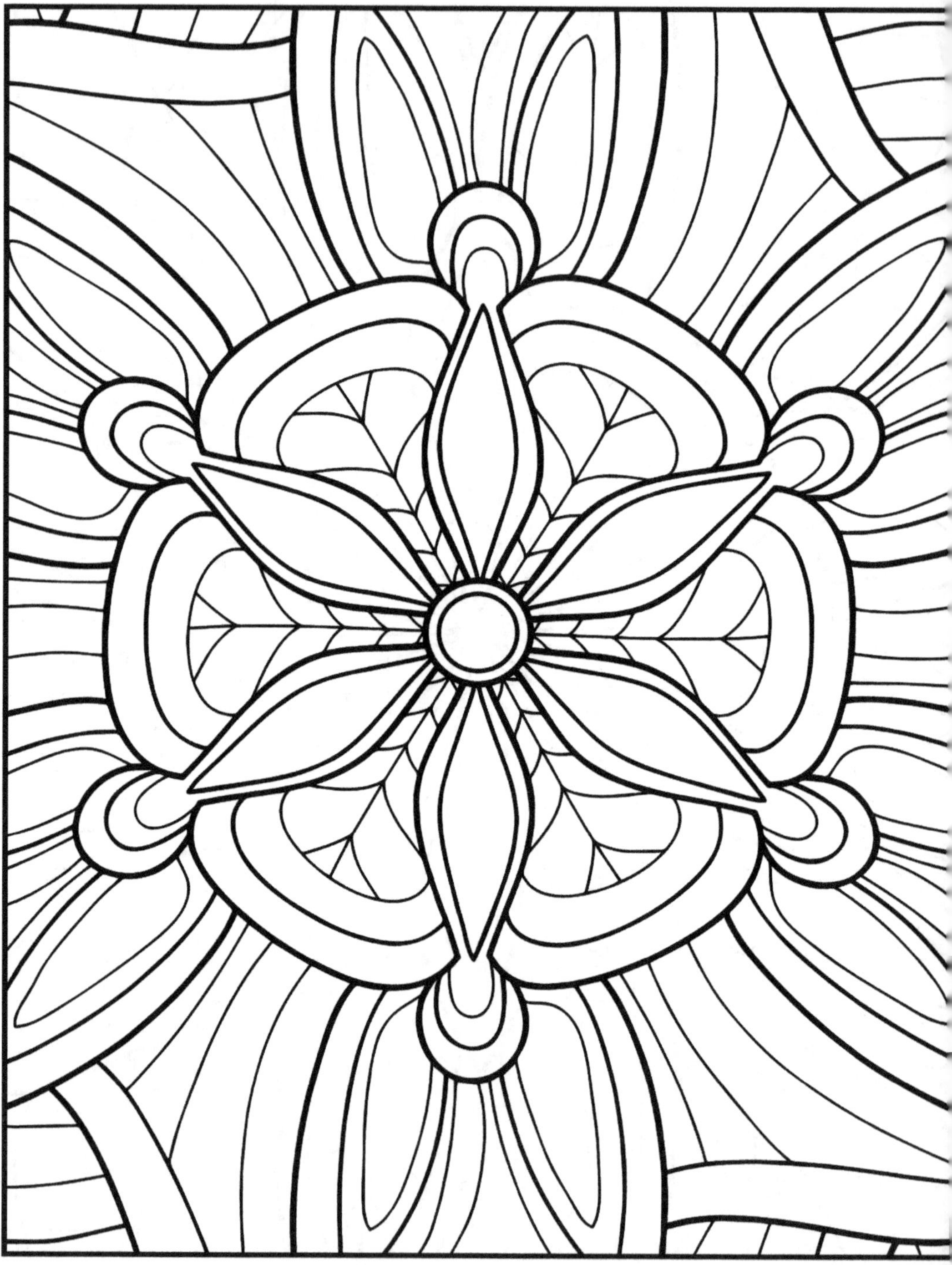

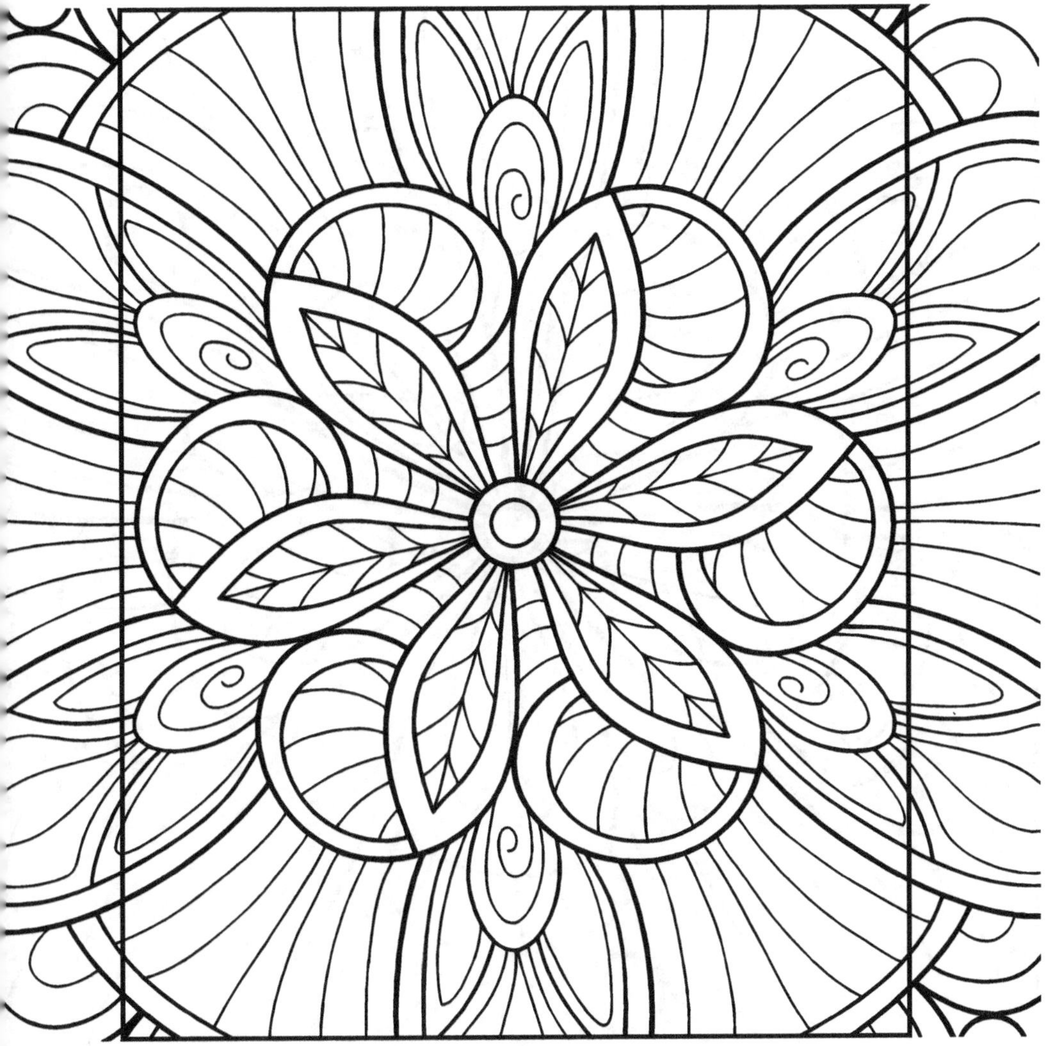

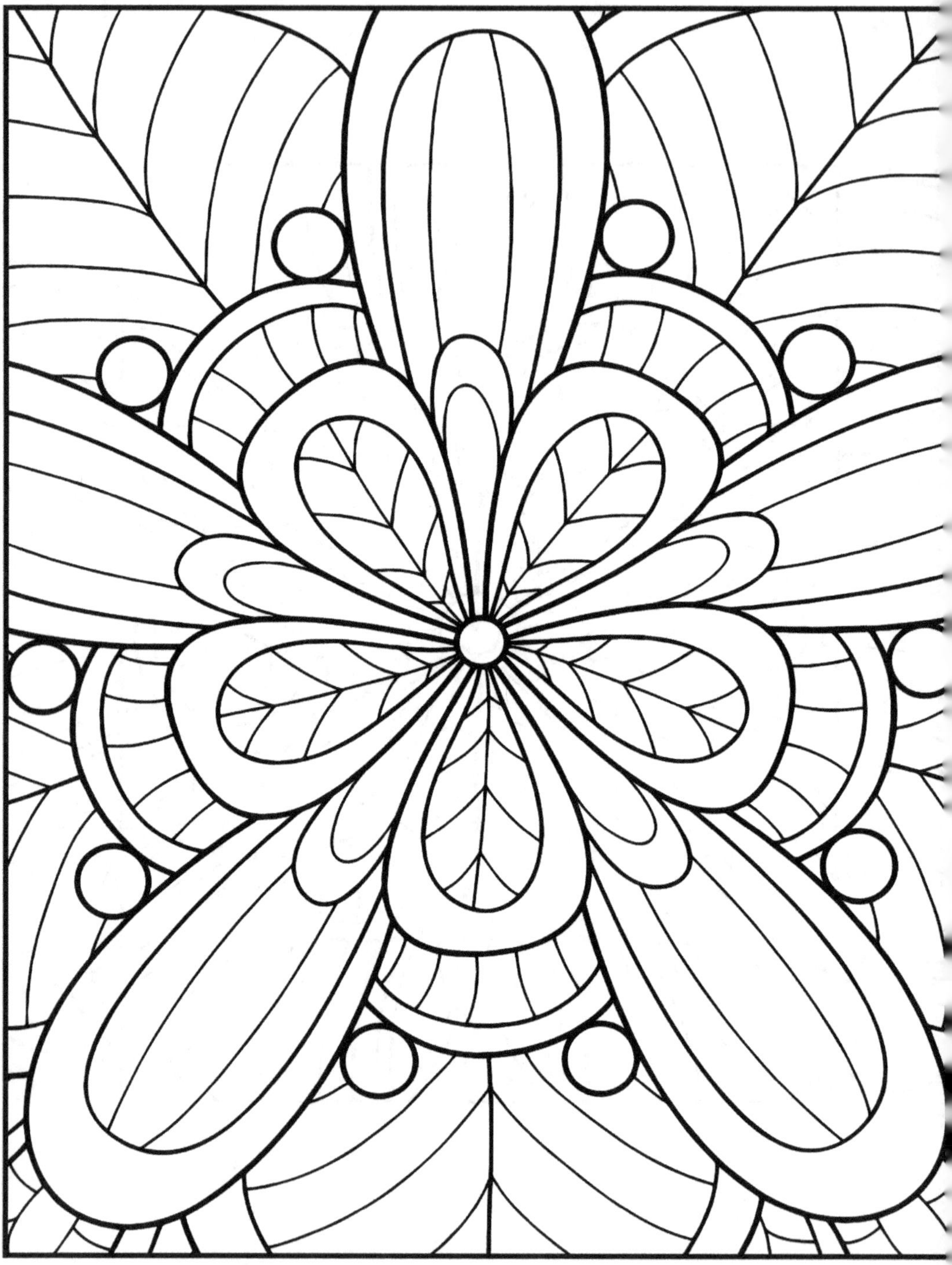

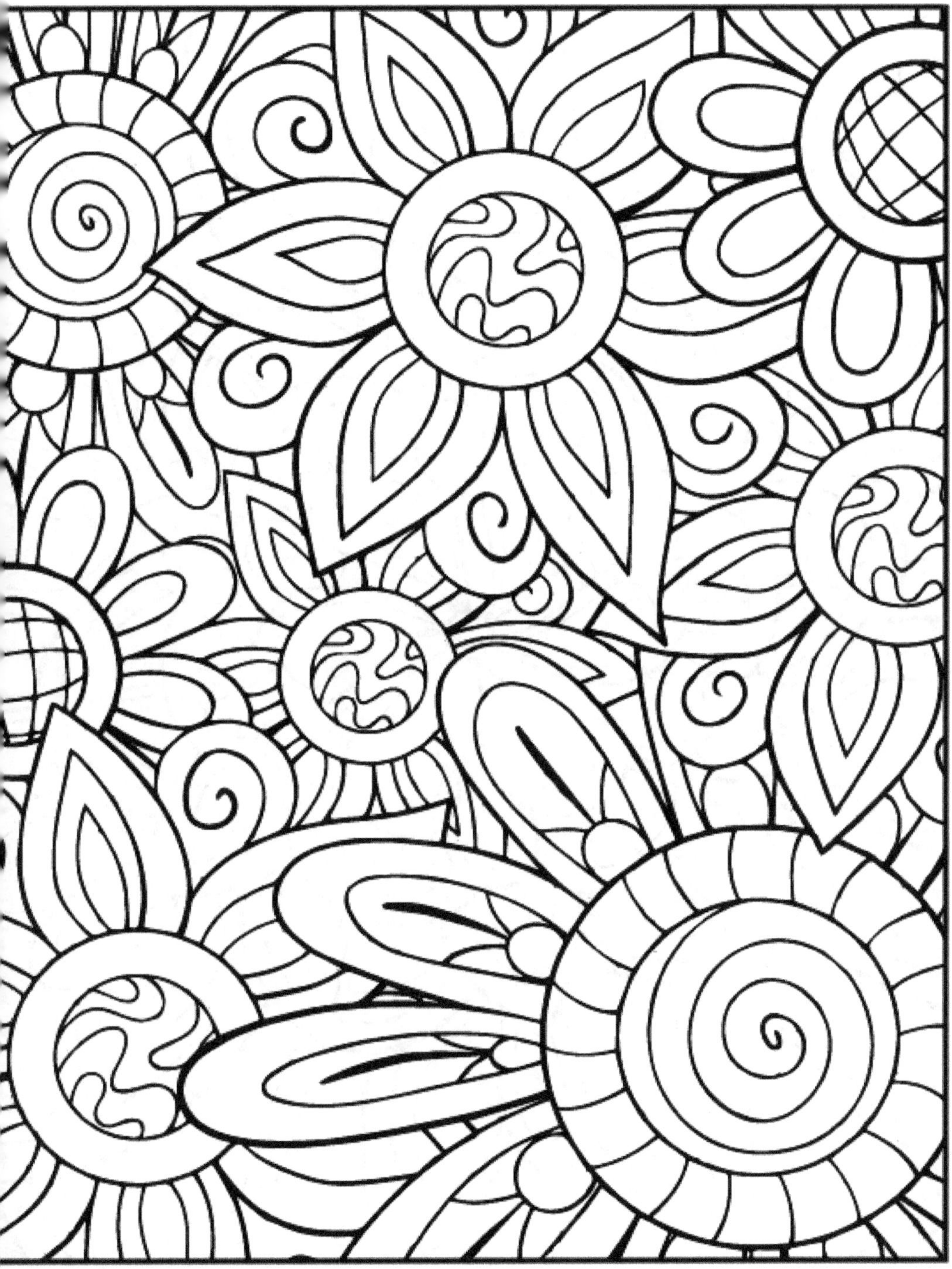

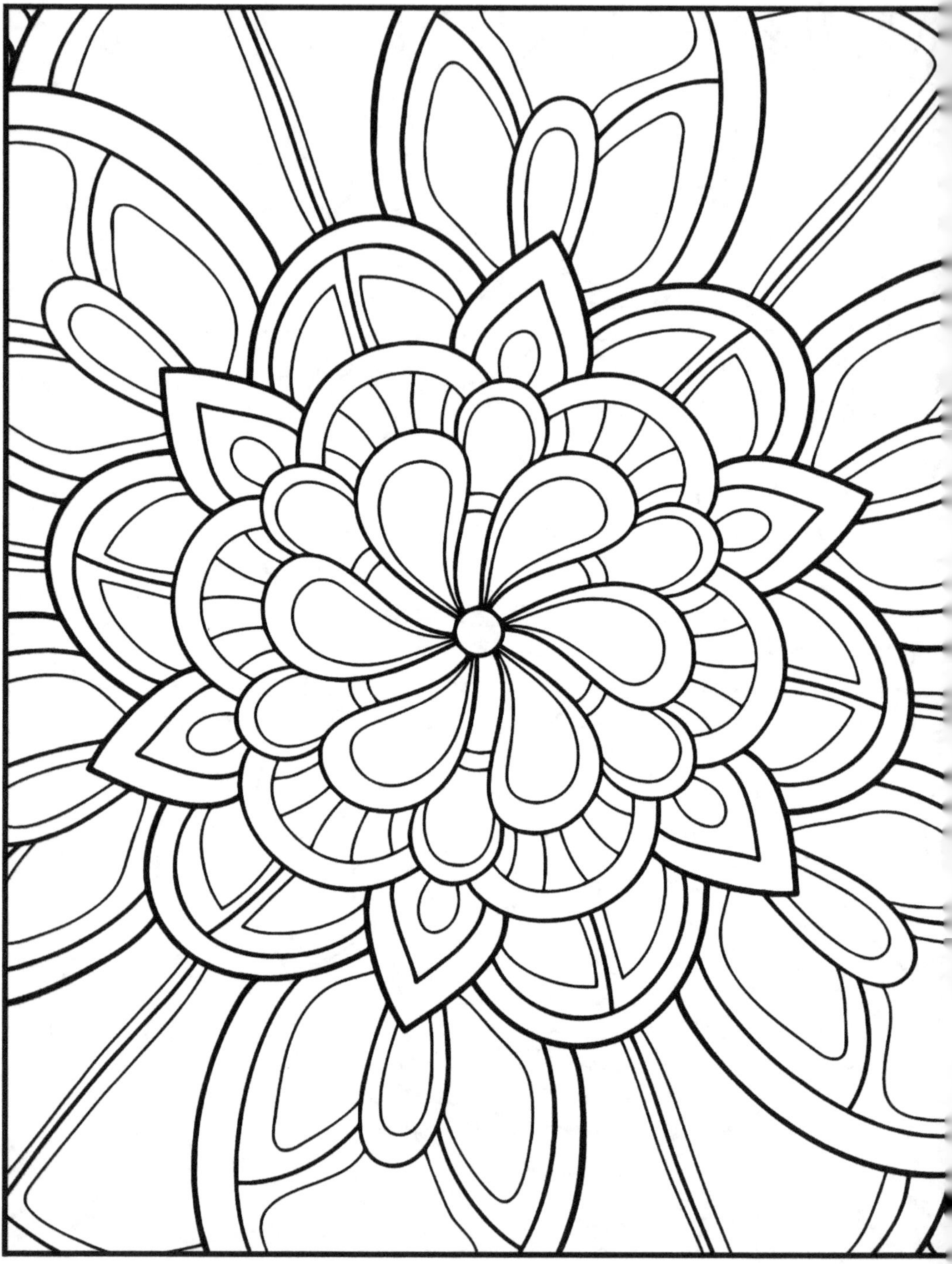

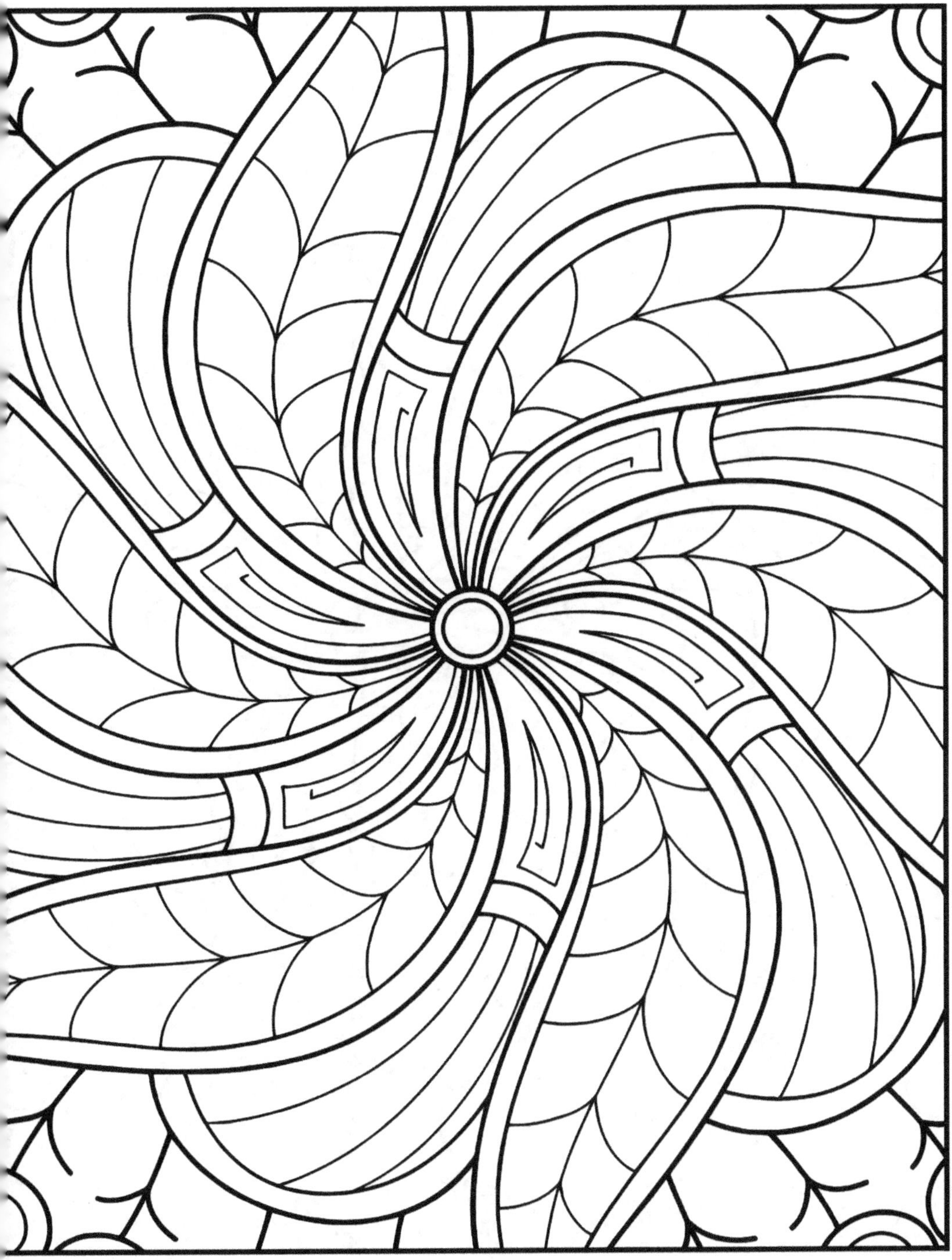

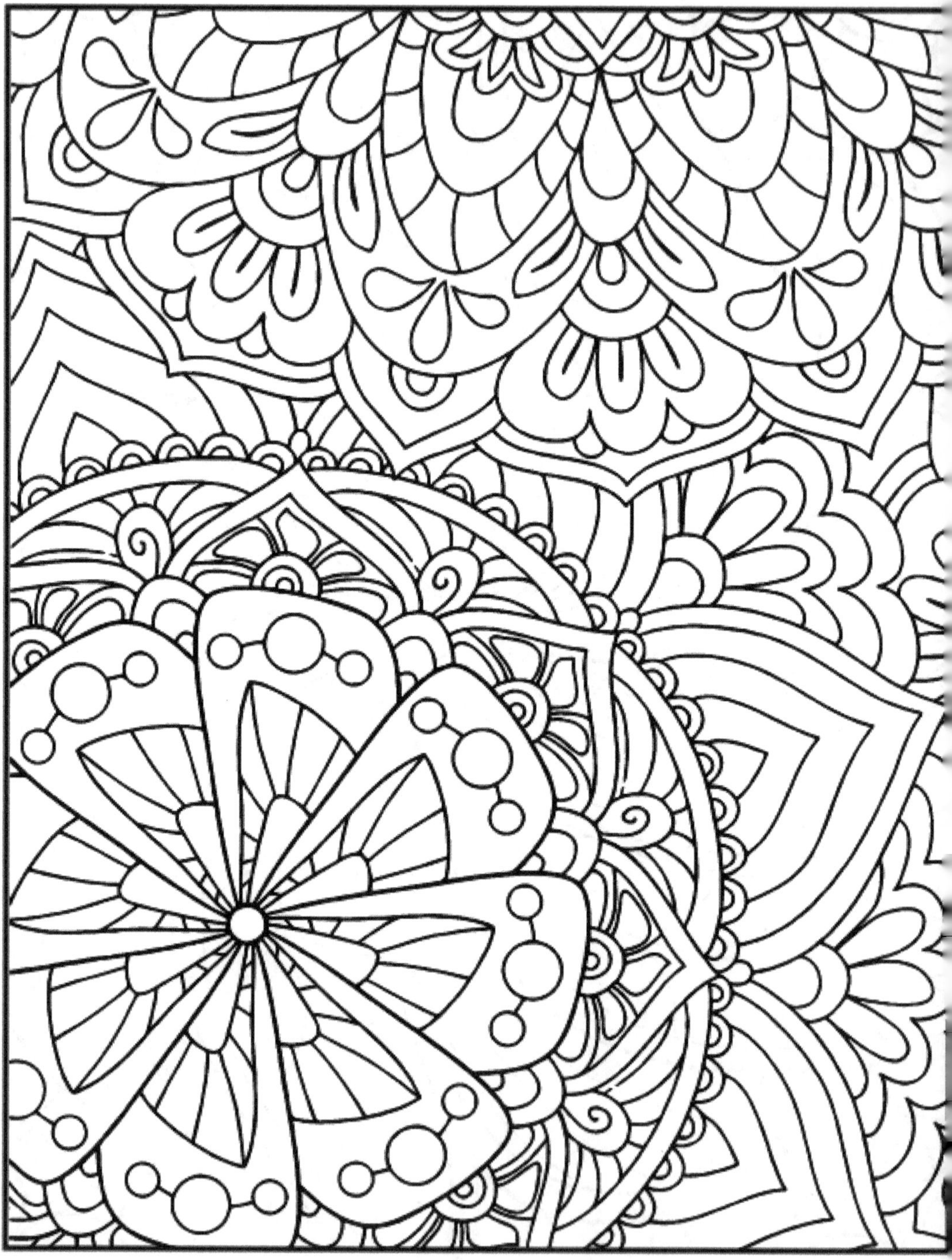

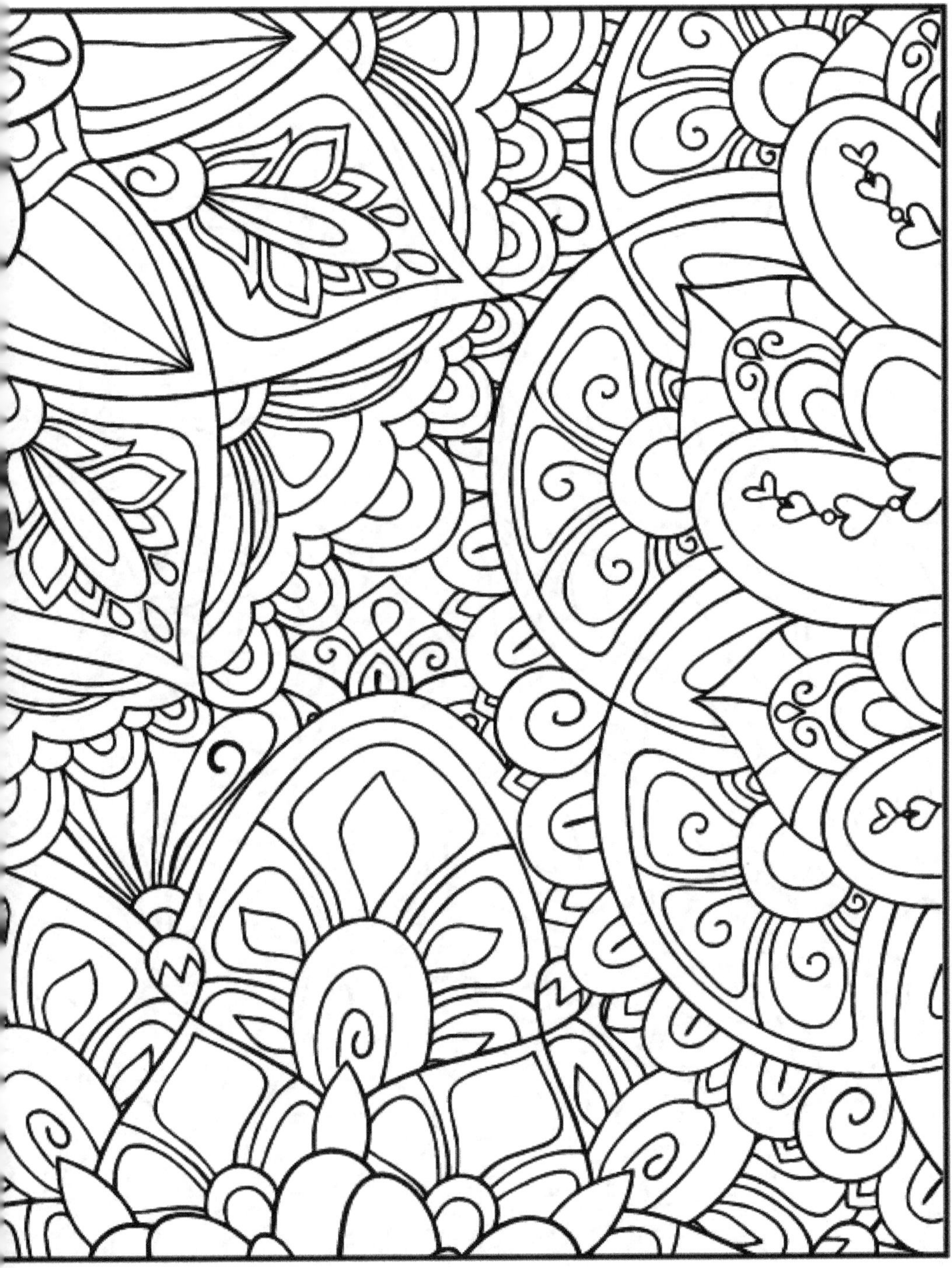

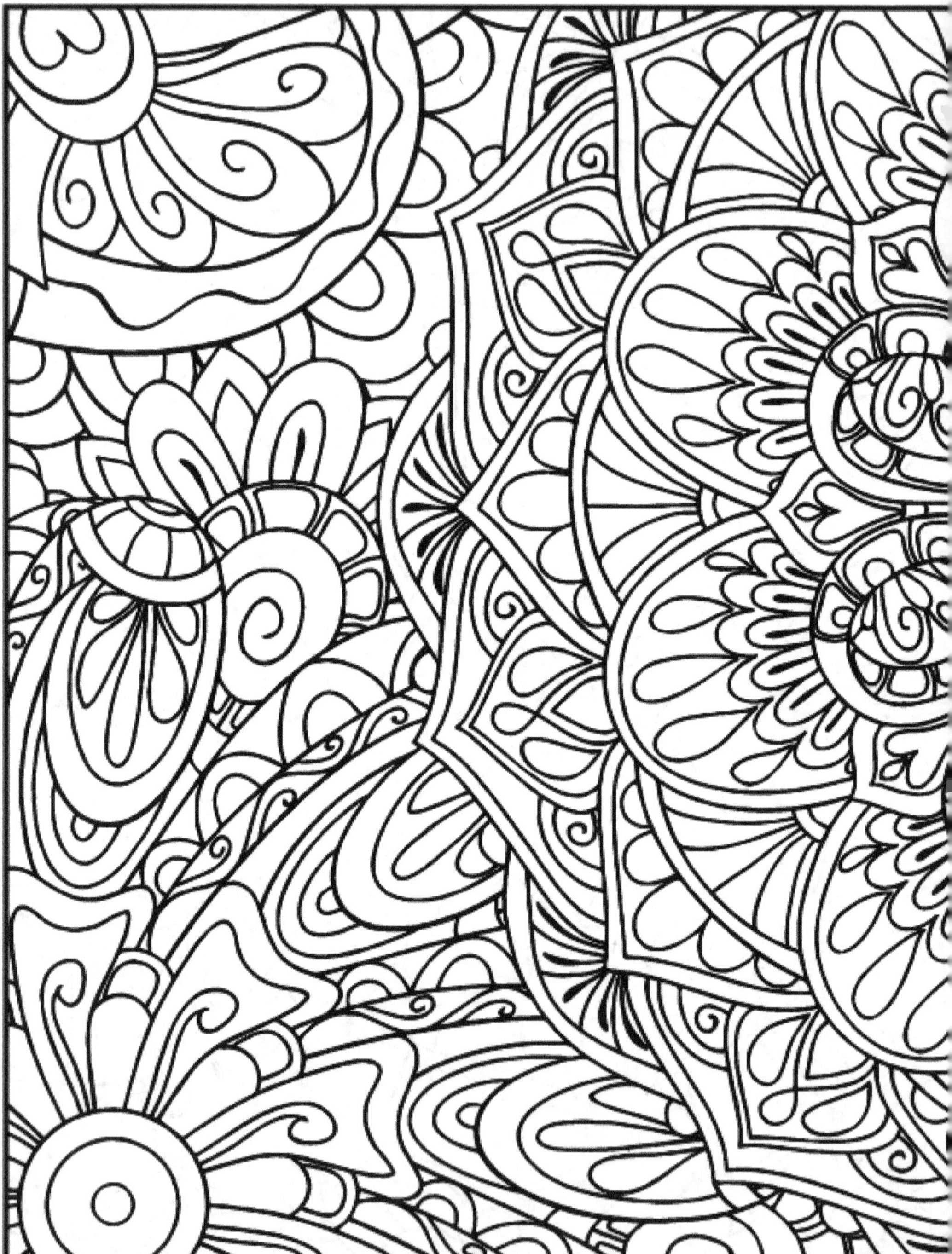

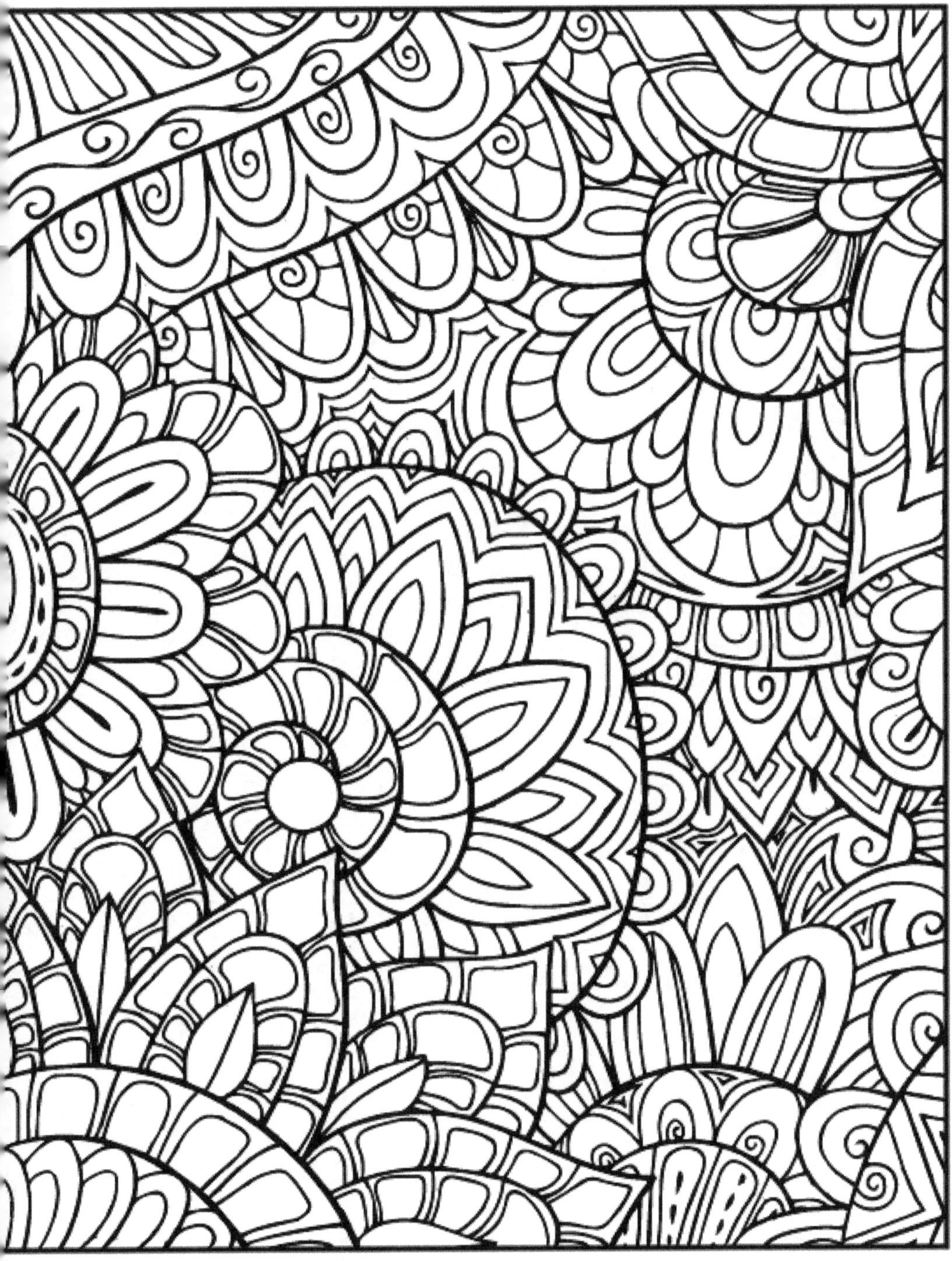

www.ingramcontent.com/pod-product-compliance
Lightning Source LLC
Chambersburg PA
CBHW050246230526
45470CB00005B/2140
* 9 7 9 8 3 2 6 7 8 5 8 0 0 *